KB266107

타츠미 유사쿠 저

시사일본어사

　フリートーキングという講座名を聞くと、一見ネイティブ講師であれば誰でも担当できそうだという印象を受けます。しかし、実際に担当してみると、実はこんなに難しい授業だったのかと痛感します。私だけでなく、同講座を担当されている多くの先生方も同じように感じられているようです。学生の実力の向上に役立っているように感じない、いつも似たような話題に偏ってしまってテーマ不足に陥っている、ただ学生の話し相手になっているだけのように感じる、など様々な声を聞き、同じ悩みを持たれている先生方が多くおられるのだと感じました。またフリートーキングを受講されている学習者の方々も、本当に日本語が上手くなっているのか、自分は正しい日本語を話せているのか、自分の日本語は実際の日常生活の場でも通用するのか、など様々な心配をされているようです。

　本書は学習者が日本語を使って楽しく話すことだけでなく、学習者の日本語会話の実力を高めることを目的として書かれています。様々なテーマで様々な単語や文型を用いて会話することを目指して書かれています。そのため、難解な話題、固有名詞を多く使わざるを得ない芸能人の話題や食べ物の話題、季節限定の話題、その他会話を展開させづらい話題は極力省かれています。さらに、学習者たちが受動的に返答するのではなく能動的に思考できるように、テーマを見て学習者が質問を展開させられる工夫も施されています。中上級レベルを担当される先生方の授業や中上級レベルを学習されている学習者の方々の実力向上に本書が役立てば幸いです。

　　프리토킹이라는 강좌명을 들으면 네이티브 강사라면 누구라도 담당할 수 있을 것 같은 인상을 받습니다. 하지만, 실제로 담당해 보면 이렇게 어려운 수업이었나 하고 통감하게 됩니다. 저뿐만 아니라 같은 강좌를 담당한 많은 선생님도 그렇게 느끼고 있는 것 같습니다. 학생의 실력 향상에 도움이 되는 것 같지 않다, 항상 비슷한 화제로 치우쳐버려 테마가 부족해진다, 학생의 이야기 상대가 되어줄 뿐이라고 느낀다 등 다양한 의견을 듣고 같은 고민을 하는 선생님들이 많이 있다고 느꼈습니다. 또 프리토킹을 수강하고 있는 학습자들도 정말로 일본어 실력이 늘고 있는 것인지, 자신은 올바른 일본어를 사용하고 있는지, 자신의 일본어가 실제로 일상생활에서도 통용될지 등 여러 가지 걱정을 하는 것 같습니다.

　　본 책은 학습자가 일본어를 사용하여 즐겁게 이야기할 뿐 아니라, 학습자의 일본어 회화 실력을 높일 목적으로 만들어졌습니다. 다양한 테마에서 여러 가지 단어와 문형을 사용하여 회화하기 위해 만들어졌습니다. 그래서 난해한 화제, 고유명사를 많이 쓸 수밖에 없는 연예인에 대한 화제와 음식에 대한 화제, 계절 한정 화제, 그 외에도 회화를 전개하기 어려운 화제는 최대한 생략하였습니다. 그리고 학습자들이 수동적으로 대답하는 것이 아니라 능동적으로 사고할 수 있도록 테마를 보고 학습자가 질문을 전개할 수 있도록 고안했습니다. 본 책이 중상급 레벨을 담당하는 선생님들의 수업이나 중상급 레벨을 학습하고 있는 학습자의 실력 향상에 도움이 되었으면 합니다.

본 책을 사용하는 학습자 여러분께

프리토킹 수업 중에 자기 자신이 이야기할 기회를 늘리기 위해서 지켜야 할 규칙이 있습니다.

1 **이야기하는 학생을 본다.**
아래를 보거나 교과서, 화이트보드를 보지 말고. 이야기하는 학생을 보고 적극적으로 질문이나 코멘트를 합시다.

2 **한국어, 영어, 그림, 몸짓은 사용하지 맙시다.**
일본어만으로 전달하는 연습입니다.

3 **질문을 받으면 두 마디 이상 이야기합시다.**
너무 짧으면 회화 연습이 되지 않습니다.

4 **스피치처럼 혼자 길게 이야기하지 맙시다.**
회화이므로, 다른 학생들에게 질문이나 코멘트를 받읍시다.

5 **큰 소리로 이야기합시다.**
자신의 실수나 발음상의 문제점을 선생님이 들을 수 있도록 합시다.

6 **회화 중에 사전이나 펜은 사용하지 않도록 합시다.**
선생님이나 다른 학생이 모르는 단어를 사용하면 전후의 이야기 흐름에서 추측합시다.
말하고 싶은 단어가 있지만, 일본어로 모를 때에는 알고 있는 단어로 설명합시다.
문자를 보면서 회화하는 것은 매우 간단합니다. 쓰거나 읽지 말고 이야기합시다.

7 **다른 학생이 틀려도 정정하지 말아 주세요.**
학생끼리 틀린 것을 지적하면 정정해주는 학생이 틀릴 가능성도 있고, 트러블의 원인이 될 수 있으니 하지 맙시다.

8 **질문 자체에 반론하지 맙시다.**
예를 들면 '다시 태어난다면 남자가 되고 싶나요? 여자가 되고 싶나요?'라는 질문에 '저는 인간은 환생하지 않는다고 생각합니다.'라고 질문 자체에 반론해버리면 논쟁이 시작됩니다.
일본어 공부를 위해 회화한다는 것을 잊지 말고 질문에는 솔직하게 대답합시다.

긴 회화를 계속하기 위해서는,
아래의 말을 사용하지 않도록 주의해 주세요.

1 「○○によってちがいます」
例 人によってちがいます。時によってちがいます。
대신에 「○○な人もいるし、○○な人もいます」라고 구체적으로 말합시다.

2 「関心がありません」
관심이 없어도 의견을 생각하여 이야기합시다. 다른 학생들이 질문이나 코멘트를 할 수 없게 되어, 결국 자신이 이야기할 기회도 적어집니다.

3 「考えたことがありません」
수업 중에 의견을 생각하여 이야기합시다.

4 「秘密です」
수업 중에는 사적인 이야기를 할 필요는 없습니다.
하지만, 회화를 이어가기 위해서는 거짓말이라도 좋으니 이야기해 봅시다.

5 「ありません」
없으면 거짓말이라도 좋으니 이야기해 봅시다.

6 「全部です」
전부라면 그중에서 골라서 구체적으로 이야기해 주세요.

7 「以上です」
스스로 회화를 끝내지 말아 주세요. 다른 학생이 질문이나 코멘트를 하는 것을 기다립시다.

목차

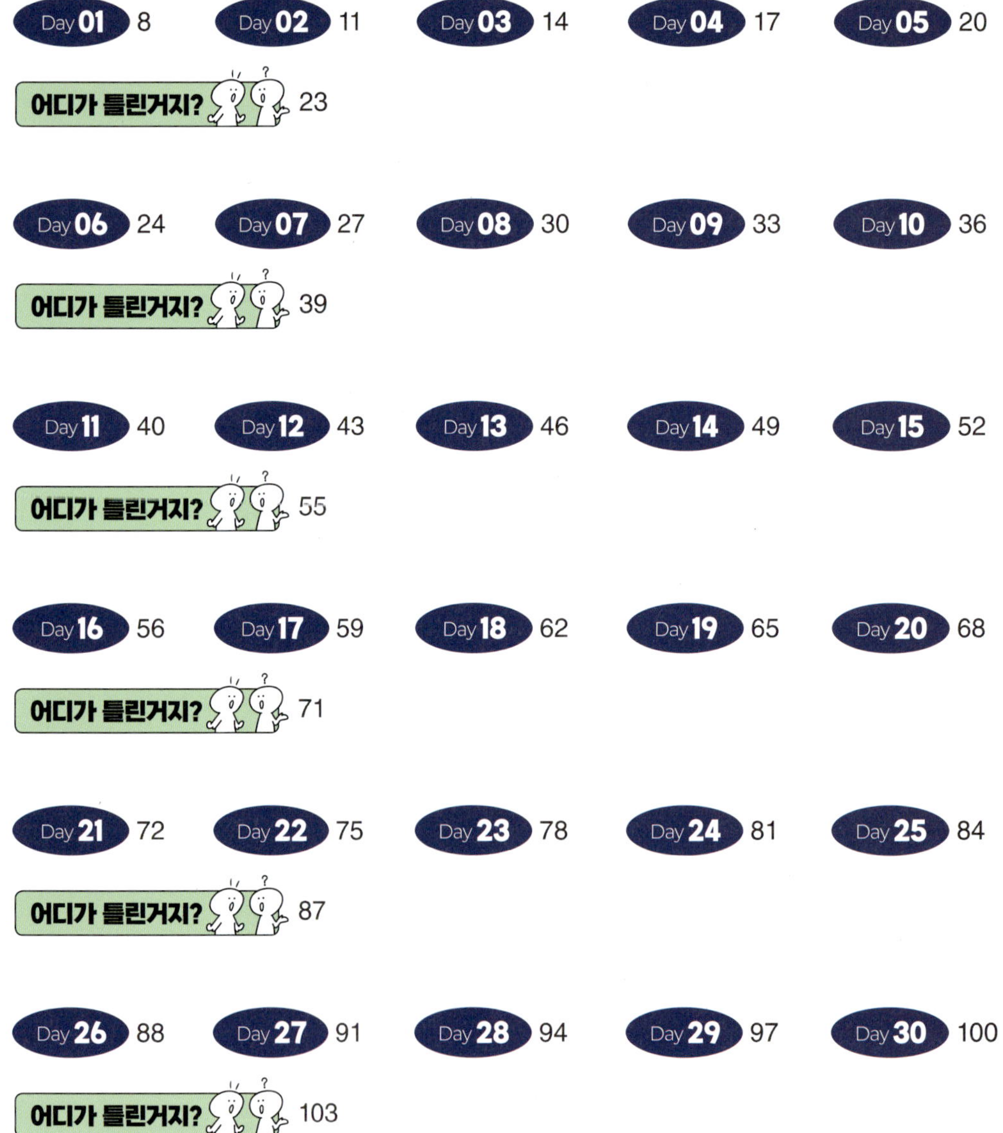

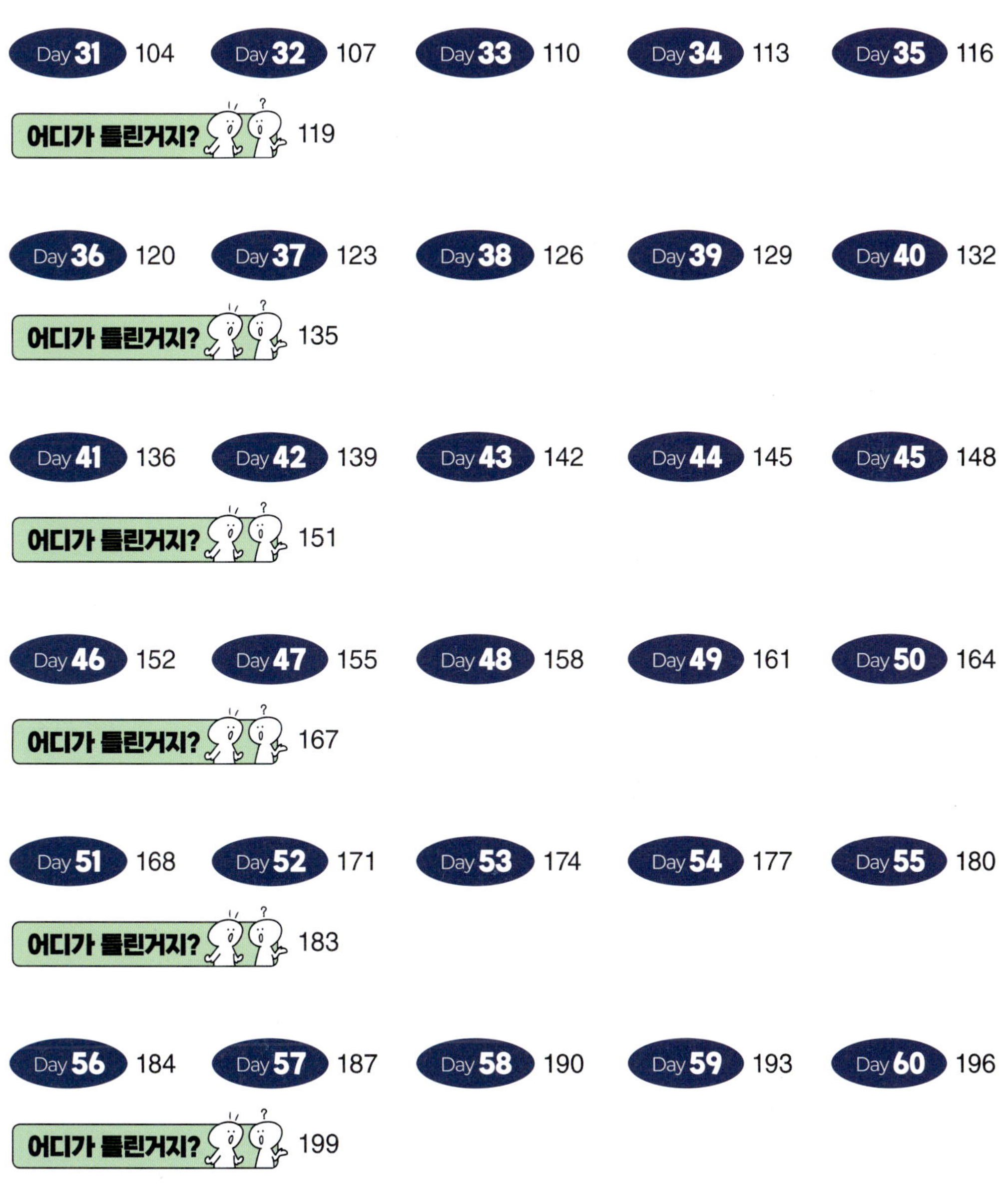

Track 01

수업에 들어가기 전에 하는 예습으로 자신의 아이디어를 일본어로 써보자. 다음 주제로 다양한 질문을 생각해서 이야기해 보자.

● **小さい子どもがケータイを持つこと、賛成 VS 反対**

例 自分の子どもには何歳くらいからケータイを持たせたいですか？小さい子どもが
ケータイを持つことの良い点／悪い点は？

● **地下鉄 VS バス**

例 どちらが便利だと思いますか？どちらをよく利用しますか？それぞれの便利な点
／不便な点は？

● **両親のありがたさを感じた経験**

例 両親にお礼を言いたいことは何ですか？感謝の気持ちを両親にどうやって伝えま
すか？

● **残業が多くて給料が高い会社 VS 残業がなくて給料が安い会社**

例 どちらに就職したいですか？今働いている会社はどちらのタイプですか？

● **私の二面性**

例 学校での自分と家での自分はどう違いますか？仲の良い友達といる時はどんな自
分になりますか？

● **疲れたとき、〇〇で疲労回復**

例 疲労回復に役立つことは？

♡　[Ａ] からといって　[Ｂ] 訳^{わけ}ではない

= 　Ａでも、Ｂではない場合^{ばあい}がある

Ⓐ = 　[명사] ～だ・である ／ [い형용사] ～い

　　　[な형용사] ～だ・である ／ [동사] 보통형

Ⓑ = 　[명사] ～な・である ／ [い형용사] ～い

　　　[な형용사] ～な・である ／ [동사] 보통형

맛보기 残業したからといって、給料があがる訳ではない。

1　日本人^{にほんじん}／日本だからといって、[　　　　　]訳ではない。

2　韓国人^{かんこくじん}／韓国だからといって、[　　　　　]訳ではない。

3　新^{あたら}しい／古^{ふる}いからといって、[　　　　　]訳ではない。

4　[　　　　　]からといって、おもしろい訳ではない。

5　[　　　　　]からといって、幸^{しあわ}せな訳ではない。

6　[　　　　　]からといって、[　　　　　]訳ではない。

나만의 노트

예습이나 수업 중에 나온 단어를 적어보고, 다시 한번 복습해 보자.

韓国語	日本語	韓国語	日本語	韓国語	日本語

수업에 들어가기 전에 하는 예습으로 자신의 아이디어를 일본어로 써보자. 다음 주제로 다양한 질문을 생각해서 이야기해 보자.

近所づきあいについて

例 あなたの家は近所づきあいがありますか？近所づきあいは必要だと思いますか？近所づきあいでどんなトラブルがありますか？

結婚後、家庭の財布の管理、夫 VS 妻

例 結婚したら、お金の管理は自分がしたいですか？それともしてもらいたいですか？また、共稼ぎの場合はどうしますか？

彼氏／彼女を親に紹介するタイミング

例 彼氏／彼女をいつごろ紹介するのが良いと思いますか？婚約相手じゃなくても親しい関係になったら彼氏／彼女を親に紹介しますか？

ペアルック、できる VS できない

例 彼氏／彼女にペアルックを頼まれたら？周りの人がしているのを見てどう思いますか？

メール VS 電話

例 どちらが手軽だと思いますか？短い用件のときはどちらが便利だと思いますか？

有名人になりたい VS なりたくない

例 どんなことで有名になりたいですか？有名人をうらやましいと思うことは？有名人になったら、どんなことに困りそうですか？

서로 이야기하면서 아래 문형 표현에 맞게 문장을 만들어보자.

[명사] ＋なしに　＝　〜がない状態で

맛보기 市の許可なしに大型ごみを捨てた。

1 一日中休みなしに 　　　　　　　　。

2 人間は 　　　　　　　　 なしに、生きていくことはできない。

3 最近は季節と関係なしに、 　　　　　　　　。

4 　　　　　　　　 なしに、成功することは無理だったと思う。

5 上司の許可なしに 　　　　　　　　 ので、怒られてしまった。

6 　　　　　　　　 なしに、 　　　　　　　　。

나만의 노트

예습이나 수업 중에 나온 단어를 적어보고, 다시 한번 복습해 보자.

韓国語	日本語	韓国語	日本語	韓国語	日本語

수업에 들어가기 전에 하는 예습으로 자신의 아이디어를 일본어로 써보자. 다음 주제로 다양한 질문을 생각해서 이야기해 보자.

● **日本で〇〇しました／〇〇したいです。**

例 日本のどこに行って何をしましたか？実際に日本に行って、驚いたことは？

● **才能 VS 努力**

例 才能と努力はどちらが大切だと思いますか？自分に才能があると思うことはどんなことですか？今努力していることは？

● **スマホなしでの生活、できる VS できない**

例 スマホが無くても生活できると思いますか？スマホが煩わしいと感じるときはどんなときですか？

● **うれしかったサービス**

例 今まで受けたサービスでうれしかったものは？サービスが悪いと感じるときはどんなときですか？

● **あげる VS もらう**

例 あげるのともらうのは、どちらが好きですか？最近もらったプレゼントでうれしかったものは？

● **高校生がバイトすること、賛成 VS 反対**

例 高校生がバイトすることのメリットとデメリットは？あなたは高校生のとき、バイトをしていましたか？

서로 이야기하면서 아래 문형 표현에 맞게 문장을 만들어보자.

♡ ┃　Ａ　┃ というより、(むしろ)　┃　Ｂ　┃

= Ａでも Ｂでもあるけど、どちらかというと Ｂ

Ａ = [명사] 〜(だ)／[い형용사] 〜い

[な형용사] 〜(だ)／[동사] 보통형

맛보기 高校生なのに、バイトというより、むしろ社員のように、毎日働いている。

1 日本語の勉強は私にとって、┃　　　　　┃というより、むしろ

┃　　　　　┃。

2 うちの母は┃　　　　　┃というより、むしろ┃　　　　　┃。

3 お酒は、┃　　　　　┃というより、むしろ┃　　　　　┃。

4 〇〇さんは┃　　　　　┃というより、むしろ┃　　　　　┃。

5 ┃　　　　　┃は┃　　　　　┃というより、むしろ┃　　　　　┃。

나만의 노트

예습이나 수업 중에 나온 단어를 적어보고, 다시 한번 복습해 보자.

韓国語	日本語	韓国語	日本語	韓国語	日本語

우리들만의 수다방 │ 수업에 들어가기 전에 하는 예습으로 자신의 아이디어를 일본어로 써보자. 다음 주제로 다양한 질문을 생각해서 이야기해 보자.

● **安いものをたくさん VS 高いものを少し**

例 食べ物だったらどちらがいいですか？服やアクセサリーだったらどちらがいいですか？

● **好きな人からのメールへの返事、すぐする VS すぐにはしない**

例 好きな人からメールがきたら、すぐに返事しますか？すぐにはしないという人もいますが、どうしてだと思いますか？

● **お金より大切なもの、ある VS ない**

例 お金よりも大切なものは何だと思いますか？お金があってもできないことはどんなことだと思いますか？

● **知らない番号からの電話、出る VS 出ない**

例 知らない番号からの電話なら出ないという人がいますが、どうしてだと思いますか？

● **街中で配っているもの、もらう VS もらわない**

例 どんなものならもらいますか？もらってうれしかったものは何ですか？

● **〇〇は迷惑だ。**

例 あなたの身の回りで迷惑だと思うことは何ですか？逆にあなたが他人に迷惑をかけてしまった経験は？

서로 이야기하면서 아래 문형 표현에 맞게 문장을 만들어보자.

💙 ～とおり(に)　＝　～と同じように

[명사] ～の・직접 접속(이 경우 「どおり」로 접속)

　　(예) 説明のとおりに・説明どおりに

[동사] 사전형・た형

맛보기 チラシに書いてある地図のとおりに歩いてみたが、店まで辿り着けなかった。

1 リーダーの指示のとおり、＿＿＿＿＿＿＿。

2 本で読んだとおり、日本人は＿＿＿＿＿＿＿。

3 私が思ったとおり、＿＿＿＿＿＿＿。

4 評判どおり、＿＿＿＿＿＿＿。

5 ＿＿＿＿＿＿＿とおりに、＿＿＿＿＿＿＿ので、イライラした。

6 ＿＿＿＿＿＿＿とおりに、＿＿＿＿＿＿＿。

나만의 노트

예습이나 수업 중에 나온 단어를 적어보고, 다시 한번 복습해 보자.

韓国語	日本語	韓国語	日本語	韓国語	日本語

수업에 들어가기 전에 하는 예습으로 자신의 아이디어를 일본어로 써보자. 다음 주제로 다양한 질문을 생각해서 이야기해 보자.

● 新しいもの VS 古いもの

例 新しい音楽と古い音楽、どちらがいいですか？新しい友達と昔の友達、どちらが大切？現代的（げんだいてき）な街（まち）と歴史的（れきしてき）な場所（ばしょ）、行きたいのは？

● 初恋（はつこい）の話

例 初恋はいつですか？どんなときに初恋の相手（あいて）を思（おも）い出（だ）しますか？

● やってみたいバイト

例 自分もやってみたいと思う仕事は？給料（きゅうりょう）が安くてもやりたい仕事は？

● 韓国の食堂やカフェの「ノーキッズゾーン」、賛成（さんせい） VS 反対（はんたい）

例 「ノーキッズゾーン」は必要だと思いますか？必要ないと思いますか？その理由は？

● 長電話最長記録（ながでんわさいちょうきろく）

例 あなたは長電話するタイプですか？それとも出来るだけ短（みじか）く済（す）ませたいタイプですか？

● ○○に一言（ひとこと）言いたい！

例 改善（かいぜん）してほしいと思っていることは何ですか？最近持っている不満（ふまん）は？

서로 이야기하면서 아래 문형 표현에 맞게 문장을 만들어보자.

～代わりに

[명사] ～の・직접 접속 (이 경우 「代わり」로 접속)
(예) ご飯代わりにサンドイッチを食べる

[동사] 보통형 ／ [い형용사] ～い ／ [な형용사] ～な

맛보기 国際電話は電話代が高いので、電話する代わりに、インターネットでチャットします。

1 「あなたが好きです」という言葉の代わりに ⬚。

2 時間が無いので、ご飯の代わりに ⬚。

3 留学したいけどお金が無いので、留学の代わりに ⬚。

4 お酒が一滴も飲めないので、お酒の代わりに ⬚。

5 ダイエットしたいけど運動はしたくないので、運動の代わりに
⬚。

6 ⬚ 代わりに ⬚。

나만의 노트

예습이나 수업 중에 나온 단어를 적어보고, 다시 한번 복습해 보자.

韓国語	日本語	韓国語	日本語	韓国語	日本語

1 ちょっと寒いので、部屋の門を閉めてくれませんか？

→ ____

2 ライバルを勝つために、毎日一生懸命練習してきました。

→ ____

3 それとこれとは、どのくらいは関係があると思います。

→ ____

4 土日はテレビを見ることだけしました。

→ ____

5 ご飯を食べている中に、友達から電話がかかってきました。

→ ____

6 昨日、先生がそんなに言っていました。

→ ____

7 あんなまずい店には、または行きたくないです。

→ ____

8 彼氏にケータイで文字を送りました。

→ ____

9 カレーとラーメンとどっちがいい？ —— カレーでします。

→ ____

10 あの人は、若く見えるけど、子ども二人がいます。

→ ____

Track 06

수업에 들어가기 전에 하는 예습으로 자신의 아이디어를 일본어로 써보자. 다음 주제로 다양한 질문을 생각해서 이야기해 보자.

● 親友 VS 彼氏／彼女

例 約束が重なったときは、どちらを優先しますか？

● ○○がほしかったけど、我慢しました。

例 ほしかったけど買わなかったものは何ですか？なぜ買うのを我慢しましたか？

● 最近○○に困っています。

例 あなたが最近困っていることは何ですか？

● 友達って大切だなぁと感じた経験

例 どんなときに友達の大切さを感じますか？

● 自分から告白する VS 告白されるのを待つ

例 好きな人ができたら自分から告白できますか？待っていても告白してくれない場合どうしますか？

● 待たせる VS 待つ

例 あなたは待たせることが多いですか？待つことが多いですか？どのくらいの時間なら待ってあげますか？

서로 이야기하면서 아래 문형 표현에 맞게 문장을 만들어보자.

♡ ～ところだった　＝　～しそうになった

※悪いことが起こりそうになったが、起こらなかったことを表す。

[동사] 사전형・ない형

맛보기 ドラマを見て泣いてしまうところだった。

1 横から突然車が飛び出してきて、　　　　　　　　ところだった。

2 明日試験があることを忘れていて、　　　　　　　ところだった。

3 もう少しで　　　　　　　ところだった。

4 　　　　　　　て、学校に遅刻してしまうところだった。

5 　　　　　　　て、会社をクビになるところだった。

6 　　　　　　　て、　　　　　　　ところだった。

나만의 노트

예습이나 수업 중에 나온 단어를 적어보고, 다시 한번 복습해 보자.

韓国語	日本語	韓国語	日本語	韓国語	日本語

수업에 들어가기 전에 하는 예습으로 자신의 아이디어를 일본어로 써보자. 다음 주제로 다양한 질문을 생각해서 이야기해 보자.

● リーダー、なりたい vs なりたくない

例 あなたは人を引っ張っていくのが得意ですか？今までどんなリーダーに出会いましたか？

● 愛する vs 愛される

例 自分を好きになってくれる人がいいですか？それとも自分が好きになった人がいいですか？彼氏／彼女なら？結婚相手なら？

● 最近の気になるニュース

例 最近のニュースで興味を持ったものは？身の回りで起きた気になることは？

● 趣味を仕事に、したい vs したくない

例 趣味を仕事にしたら、人生が楽しくなると思いますか？あなたの今の仕事は趣味だと言えますか？

● 私の思春期

例 あなたはどんな思春期を送りましたか？そのときに一番頑張っていたこと／夢中になっていたことは？

● 私の失敗談

例 失敗して悔しかった経験は？その失敗をしてから、あなたはどのように変わりましたか？

서로 이야기하면서 아래 문형 표현에 맞게 문장을 만들어보자.

♡　[　A　] といえば　[　B　]

※ A＝テーマ　B＝代表

A ＝ [명사]

맛보기 学生時代の思い出といえば、部活をがんばったことだ。

1　日本といえば、[　　　　　]。

2　韓国といえば、[　　　　　]。

3　正月といえば、[　　　　　]。

4　春／夏／秋／冬といえば、[　　　　　]。

5　[　　　　　]といえば、[　　　　　]。

나만의 노트

예습이나 수업 중에 나온 단어를 적어보고, 다시 한번 복습해 보자.

韓国語	日本語	韓国語	日本語	韓国語	日本語

수업에 들어가기 전에 하는 예습으로 자신의 아이디어를 일본어로 써보자. 다음 주제로 다양한 질문을 생각해서 이야기해 보자.

● 学校行事の思い出

例 修学旅行の思い出は？文化祭ではどんなことをしましたか？

● 両親に怒られた経験

例 小さいころどんなことをして両親に怒られてしまいましたか？最近怒られたことは？

● 子どものころ持っていた夢

例 小さいころの将来の夢は何でしたか？その夢は叶いましたか？

● お世辞、必要 VS 不必要

例 お世辞を言うことは必要だと思いますか？今までにどんなお世辞を言ったことがありますか？

● 私の身の回りの人気者

例 あなたの周りにはどんな人気者がいますか？その人が人気のある理由は何だと思いますか？

● 私の学校にはこんな校則があります／ありました。

例 納得ができない変な校則は？校則を破って怒られてしまった経験は？

💙 [명사] ＋ として

※立場を表す

맛보기　修学旅行のとき、リーダーとしてみんなをまとめる仕事をしました。

1　私は　[　　　　　]　として日本に来ました。

2　[　　　　　]　は　[　　　　　]　として、ここで働いています。

3　私は学生として　[　　　　　]　。

4　親として、子どもには　[　　　　　]　なければいけない。

5　[　　　　　]　は　[　　　　　]　として　[　　　　　]　。

나만의 노트

예습이나 수업 중에 나온 단어를 적어보고, 다시 한번 복습해 보자.

韓国語	日本語	韓国語	日本語	韓国語	日本語

수업에 들어가기 전에 하는 예습으로 자신의 아이디어를 일본어로 써보자. 다음 주제로 다양한 질문을 생각해서 이야기해 보자.

習い事について

例 小さいころ、どんな習い事をしましたか？自分の子どもにさせたい習い事は？今あなたがしている習い事は？

ダイエットについて

例 成功／失敗したダイエット方法は？あなたの周りにダイエットに成功した人はいますか？

もし今休学／休職したら〇〇がしたい。

例 学校や仕事を休んでしたいことは何ですか？もし休めるなら、どのくらいの期間休んで復学／復帰したいですか？

体罰、必要 vs 不必要

例 体罰は必要だと思いますか？あなたは学生のころ、体罰を受けたことがありますか？

一人暮らし vs 親と同居

例 一人暮らしした経験はありますか？一人暮らしすることと親と同居すること、それぞれの良い点／悪い点は？

彼氏／彼女に一日にする電話の回数

例 彼氏／彼女が一日に何回も電話をくれたら、うれしいですか？嫌ですか？

♡ 　[Ⓐ] 上（うえ）で [Ⓑ]

※ Ａ＝目的　Ｂ＝評価

Ⓐ ＝ [명사] 〜の ／ [동사] 사전형

맛보기 体罰（たいばつ）は子どもを教育（きょういく）する上（うえ）で必要（ひつよう）だと思いますか？

1　友達は [　　　　] 上で、なくてはならない存在（そんざい）だ。

2　インターネットは [　　　　] 上で、[　　　　]。

3　[　　　　] は外国語の勉強をする上で、欠かせません。

4　お金は [　　　　] 上で、[　　　　]。

5　スマホは [　　　　] 上で、[　　　　]。

6　[　　　　] は [　　　　] 上で、[　　　　]。

예습이나 수업 중에 나온 단어를 적어보고, 다시 한번 복습해 보자.

韓国語	日本語	韓国語	日本語	韓国語	日本語

수업에 들어가기 전에 하는 예습으로 자신의 아이디어를 일본어로 써보자. 다음 주제로 다양한 질문을 생각해서 이야기해 보자.

受験の思い出

例 受験生のとき、どれくらい勉強しましたか？辛かったこと／楽しかったことは？韓国の受験戦争をどう思いますか？

人生、安定 vs 冒険

例 安定した人生と冒険の人生とどちらがいいですか？あなたの今の人生はどちらのタイプですか？

友達は自分と性格や趣味が、似ている人 vs 似ていない人

例 どちらのタイプの友達がいいと思いますか？実際のあなたの友達はどちらのタイプが多いですか？

彼氏／彼女に、甘えたい vs 甘えられたい

例 あなたは彼氏／彼女に甘えたいですか？甘えられたいですか？男性が女性に甘えることに関してどう思いますか？

周りから白い目で見られてしまった経験

例 何か失敗して恥ずかしかった経験は？

犬 vs 猫

例 犬と猫、飼うならどちらがいいですか？それぞれ飼うとしたらどんな楽しみ／苦労があると思いますか？

💙 수동형(受身形)

동사ない형 + れる・られる

[1그룹 동사] 飲む → 飲む + まれる

[2그룹 동사] 食べる → 食べる + られる

[3그룹 동사] する → される ／ 来る → 来られる

맛보기 駅の階段で転んでしまって、周りの人に見られて恥ずかしかった。

1 間違ったことは何もしていないのに、□□□□□ に □□□□□ れてしまった。

2 成績があがって、□□□□□ に □□□□□ れた。

3 大切にしていたものが □□□□□ に □□□□□ れてしまった。

4 □□□□□ を □□□□□ れたなら、すぐに警察に通報したほうがいい。

5 □□□□□ を □□□□□ れて、彼はすごく怒った。

6 □□□□□ れました。

나만의 노트

예습이나 수업 중에 나온 단어를 적어보고, 다시 한번 복습해 보자.

韓国語	日本語	韓国語	日本語	韓国語	日本語

1 日曜日はワイフと一緒に出掛けました。

→ ____

2 私、この本が気に入ります。

→ ____

3 暗いので、部屋の火をつけました。

→ ____

4 メール住所を教えてくれませんか？

→ ____

5 彼女は結婚してからずっと幸せに住んでいます。

→ ____

6 換率が高くて、留学に行くのが大変です。

→ ____

7 ガソリンが無くなってきたので、注油所に寄らなければいけません。

→ ____

8 努力して、いつか夢を現実に作りたいです。

→ ____

9 寒いので、暖かく着て出掛けてくださいね。

→ ____

10 お風呂から出たあと、ドライ機で髪を乾かしました。

→ ____

수업에 들어가기 전에 하는 예습으로 자신의 아이디어를 일본어로 써보자. 다음 주제로 다양한 질문을 생각해서 이야기해 보자.

● 私の部屋の自慢したいところ

例 あなたの部屋で自慢したいところは何ですか？

● 電車の中で見た変な人

例 電車の中で変な人を見たことがありますか？マナーが悪い人がいて腹が立った経験は？

● 美味しい食べ物 vs 体に良い食べ物

例 美味しい食べ物と体に良い食べ物、どちらを選びますか？食べ物を選ぶ時、何に注意しますか？

● こんな不親切な店がありました。

例 店員が不親切で腹が立った経験は？

● 困ったときの相談相手、親 vs 友達

例 困ったとき、どちらに相談しますか？両親にはどんな相談をしますか？友達にはどんな相談をしますか？

● 別れた彼氏／彼女と連絡、とる vs とらない

例 別れた彼氏／彼女と連絡をとりますか？会いたいと言われたらどうしますか？

서로 이야기하면서 아래 문형 표현에 맞게 문장을 만들어보자.

💚 사역형(使役形)

동사ない형 + せる・させる

[1그룹 동사] 飲む → 飲む + ませる

[2그룹 동사] 食べる → 食べる + させる

[3그룹 동사] する → させる ／ 来る → 来させる

맛보기 彼は大人になったのに、部屋の掃除を母親にさせている。

1 教育熱心な親は、子どもに ☐ せる。

2 お腹が空いたので、☐ に ☐ せた。

3 先生は怒って、☐ に ☐ せました。

4 めんどくさいからといって、☐ に ☐ せては
いけない。

5 忙しくて手が離せなかったので、☐ に ☐ せま
した。

6 ☐ せました。

나만의 노트

예습이나 수업 중에 나온 단어를 적어보고, 다시 한번 복습해 보자.

韓国語	日本語	韓国語	日本語	韓国語	日本語

수업에 들어가기 전에 하는 예습으로 자신의 아이디어를 일본어로 써보자. 다음 주제로 다양한 질문을 생각해서 이야기해 보자.

● 旅行するなら、グルメツアー VS 名所巡（めいしょめぐ）り

例 あなたの旅行の目的は？今計画中（けいかくちゅう）の旅行は？

● 私が持っている資格（しかく）／免許（めんきょ）

例 あなたはどんな資格／免許を持っていますか？これからとりたいと思っている資格／免許は？

● 長生（なが い）き、したい VS したくない

例 何歳くらいまで生きたいですか？あまり長生きはしたくないという人もいますが、なぜだと思いますか？

● 健康（けんこう）のためにしていること／していないこと

例 健康のためにどんなことに気をつけていますか？

● イライラしたとき、〇〇でストレス解消（かいしょう）

例 あなたのストレス解消法（かいしょうほう）は？最近どんなことにストレスを感じていますか？

● 親友（しんゆう）と呼（よ）べる人の人数（にんずう）

例 あなたには親友が何人いますか？友達と親友のちがいは何だと思いますか？

서로 이야기하면서 아래 문형 표현에 맞게 문장을 만들어보자.

♡ 사역수동형(使役受身形)

동사ない형 + せられる・させられる

[1그룹 동사] 飲む → 飲む + ませられる（まされる）

[2그룹 동사] 食べる → 食べる + させられる

[3그룹 동사] する → させられる ／ 来る → 来させられる

맛보기 パッケージツアーの観光客は、ツアーガイドに免税店で買い物させられる。

1 宿題を忘れた罰として、[＿＿＿＿＿＿＿]せられました。

2 デートのとき、彼女に[＿＿＿＿＿＿＿]せられました。

3 休みの日なのに、[＿＿＿＿＿＿＿]せられました。

4 テストの点数が悪くて、[＿＿＿＿＿＿＿]せられました。

5 飲み会のときに、先輩に[＿＿＿＿＿＿＿]せられました。

6 [＿＿＿＿＿＿＿]に[＿＿＿＿＿＿＿]せられました。

나만의 노트 예습이나 수업 중에 나온 단어를 적어보고, 다시 한번 복습해 보자.

韓国語	日本語	韓国語	日本語	韓国語	日本語

수업에 들어가기 전에 하는 예습으로 자신의 아이디어를 일본어로 써보자. 다음 주제로 다양한 질문을 생각해서 이야기해 보자.

● 私は○○を集めています／いました。

例 コレクションにしているもの／していたものは何ですか？

● 三日坊主で終わってしまったこと

例 あなたは根気良く努力するタイプですか？三日坊主になってしまうことが多いですか？すぐにやめてしまったことは？

● 私は○○に敏感／鈍感です。

例 あなたは何に敏感／鈍感ですか？他の人は気にしているけど自分には全然気にならないことは？

● 音信不通、もう一度会いたい人

例 連絡が取れないけど会いたい昔の友達はいますか？

● 誕生日プレゼントについて

例 今年の誕生日にほしいものは何ですか？去年の誕生日は何をもらいましたか？

● 外国人の友達について

例 どこの国の人と友達になりたいですか？どこの国の友達がいますか？外国人の友達を作る方法は？

서로 이야기하면서 아래 문형 표현에 맞게 문장을 만들어보자.

💙 [동사て형] ＋ みる 　　※試^{ため}しに～して、その結果を見る

맛보기 昔^{むかし}のＥメールアドレスにメールしてみたけど、届^{とど}かなかった。

1 一度でいいから、 [　　　　　] てみたいです。

2 冗談^{じょうだん}で [　　　　　] てみたら、相手が怒^{おこ}り出^だした。

3 [　　　　　] てみたら、上手^{うま}くできた。

4 [　　　　　] は、[　　　　　] てみないと分からない。

5 [　　　　　] を [　　　　　] てみてもいいですか？

예습이나 수업 중에 나온 단어를 적어보고, 다시 한번 복습해 보자.

韓国語	日本語	韓国語	日本語	韓国語	日本語

수업에 들어가기 전에 하는 예습으로 자신의 아이디어를 일본어로 써보자. 다음 주제로 다양한 질문을 생각해서 이야기해 보자.

- **将来こんな家／場所に住みたい。**

  例 将来どんな家／場所に住みたいですか？今住んでいる場所にずっと住みたいですか？

- **動物園、必要 VS 不必要**

  例 動物園は必要だと思いますか？必要じゃないと思いますか？子どものころ動物園に行った思い出は？

- **私のオススメの店**

  例 あなたのオススメの店はどこにありますか？どうしてその店をオススメしますか？

- **部屋を掃除する頻度**

  例 どのくらいの頻度で部屋の掃除をしますか？小さいころ自分の部屋を自分で掃除しましたか？両親にしてもらいましたか？

- **今まで買ったもので一番高いもの**

  例 今まで買ったもので一番高いものは何ですか？それは今でも大切にしていますか？

- **ネットショッピング VS 店に行って買う**

  例 それぞれの良い点と悪い点は？インターネットで買い物して失敗した経験は？

서로 이야기하면서 아래 문형 표현에 맞게 문장을 만들어보자.

〜反面（はんめん）　※良い面と悪い面があることを表す。

[명사] である ／ [い형용사] 〜い

[な형용사] 〜な・である ／ [동사] 보통형

맛보기 ネットショッピングは、店に行かなくていいから楽（らく）な反面、直接商品（ちょくせつしょうひん）が見られないため失敗（しっぱい）することも多い。

1 彼は、友達と一緒（いっしょ）にいるときは ◻ 反面、親の前では ◻。

2 彼女は、男の前では ◻ 反面、女同士（どうし）のときは ◻。

3 あの人は、部下に対しては ◻ 反面、上司に対しては ◻。

4 先生は、生徒の前では ◻ 反面、奥（おく）さんの前では ◻。

5 この会社は、給料は良い反面、◻。

6 ◻ は、◻ 反面、◻。

나만의 노트

예습이나 수업 중에 나온 단어를 적어보고, 다시 한번 복습해 보자.

韓国語	日本語	韓国語	日本語	韓国語	日本語

Track 15 

수업에 들어가기 전에 하는 예습으로 자신의 아이디어를 일본어로 써보자. 다음 주제로 다양한 질문을 생각해서 이야기해 보자.

● 「もっと頑張らなくちゃ」と思ったこと

例 最近もっと頑張らなくちゃと思ったことは何ですか？学生時代頑張っておけばよかったと思うことは何ですか？

● しゃっくりを止める方法

例 しゃっくりが止まらないとき、あなたはどうやって止めますか？しゃっくりを止める方法で有名な方法は？

● イミテーション、使う VS 使わない

例 イミテーションの商品を買ったことはありますか？品質が良ければ使うという人もいますが、あなたはどうですか？

● 衝動買いしてしまった経験

例 あなたは計画的に買うタイプですか？衝動買いするタイプですか？今までに衝動買いしてしまったものは？

● 結婚する年齢について

例 何歳くらいで結婚するのがいいと思いますか？学生結婚についてどう思いますか？

● 兵役義務、必要 VS 不必要

例 義務で軍隊に行くことについてどう思いますか？女性も軍隊に行く国がありますが、どう思いますか？

서로 이야기하면서 아래 문형 표현에 맞게 문장을 만들어보자.

[동사て형] ＋ は ＋ [동사]　　※２つのことを繰り返す

맛보기 衝動買いしては後悔するので、デパートには行かないようにしている。

1 土日は特に予定がなかったので、＿＿＿＿＿ては＿＿＿＿＿て、ずっと家でゴロゴロしていた。

2 ダイエット中なのに、＿＿＿＿＿ては＿＿＿＿＿ので、まったく痩せられない。

3 試験が近いのに、＿＿＿＿＿ては＿＿＿＿＿て、全然勉強に身が入らない。

4 仕事がたまっているのに、＿＿＿＿＿ては＿＿＿＿＿して、結局全然終わらなかった。

5 ＿＿＿＿＿ては＿＿＿＿＿て、時間を無駄にした。

6 ＿＿＿＿＿ては＿＿＿＿＿て、＿＿＿＿＿。

나만의 노트

예습이나 수업 중에 나온 단어를 적어보고, 다시 한번 복습해 보자.

韓国語	日本語	韓国語	日本語	韓国語	日本語

1 あの映画を見て、感動をもらいました。

→ ____

2 あとで日本に留学する予定です。

→ ____

3 私の学校は教服が無いので、私服で登校します。

→ ____

4 あの２人が手をつないで、道で歩いているのを見ました。

→ ____

5 夏休みの旅行を期待しています。

→ ____

6 店でフードTを買いました。

→ ____

7 そんなこと言ったら、当然にあの人は怒りますよ。

→ ____

8 あの新人は仕事をはやく習います。

→ ____

9 最近忙しいですか？ ── はい、ちょっとそうです。

→ ____

10 もうご飯食べましたか？ ── いいえ、まだ食べませんでした。

→ ____

수업에 들어가기 전에 하는 예습으로 자신의 아이디어를 일본어로 써보자. 다음 주제로 다양한 질문을 생각해서 이야기해 보자.

○○をすごく安く買いました。

例 あなたがすごく安く買ったものは何ですか？どこで買いましたか？

こんなクレームをつけました／つけられました。

例 あなたが店などでクレームをつけた経験は？働いていてクレームをつけられた経験は？

○○を卒業した後、○○をしました。

例 大学卒業後、何をしましたか？大学に行くのと専門学校に行くのはどちらがいいと思いますか？

門限について

例 学生の頃の門限は何時でしたか？今も門限がありますか？自分の子どもには何時までに帰るように言いますか？

一人暮らし vs 友達とルームシェア

例 それぞれの良い点／悪い点は？留学先などでルームシェアするなら友達とがいいですか？知らない人とがいいですか？

就職活動について

例 就職活動をしたときに苦労したことは？就職活動はどんなことが大変そうですか？

서로 이야기하면서 아래 문형 표현에 맞게 문장을 만들어보자.

💙 ～ほど ＝ ～くらい　　※程度を表す

[명사] 직접 접속 ／ [い형용사] ～い

[な형용사] ～な ／ [동사] 보통형

맛보기　海外に行ったら、ブランドの鞄がびっくりするほど安かった。

1　去年の夏は、　　　　　　　　ほど暑かった。

2　あの先生の授業はすごくつまらなくて、　　　　　　　ほど眠くなる。

3　　　　　　　　時、涙が出るほど悔しかった。

4　　　　　　　が、　　　　　　ほど嫌いだ。

5　あなたのことが　　　　　　ほど好きです。

6　　　　　　　は、　　　　　　ほど　　　　　　。

나만의 노트 예습이나 수업 중에 나온 단어를 적어보고, 다시 한번 복습해 보자.

韓国語	日本語	韓国語	日本語	韓国語	日本語

Day 17

> **우리들만의 수다방**
>
> 수업에 들어가기 전에 하는 예습으로 자신의 아이디어를 일본어로 써보자. 다음 주제로 다양한 질문을 생각해서 이야기해 보자.

● 私は○○音痴です。

例 あなたは何音痴ですか？それで困ってしまった経験は？

● 勉強しなくてはいけない理由を子どもに質問されたら

例 あなたは子どもにどのように説明しますか？あなたはいつ頃から「勉強しなくちゃいけない」と思いましたか？

● 友達にお金、貸す vs 貸さない。

例 友達にお金を貸してと頼まれたら貸しますか？いくらまで貸しますか？親友だったらどうですか？

● 外国語の勉強について

例 これから勉強したいと思っている外国語は？日本語以外に今勉強している外国語は？なぜ外国語を勉強していますか？

● 私の特技

例 あなたの特技は？昔は得意だったけど今はできなくなってしまったことは？

● 結婚後の家事の分担について

例 あなたは結婚後家事を分担しますか？夫と妻でどのように分担すればいいと思いますか？

서로 이야기하면서 아래 문형 표현에 맞게 문장을 만들어보자.

[명사] ＋ に対して　＝　～を相手に

맛보기 日本語がまだ下手だった頃は、日本人に対して、知らずに失礼な言い方をしてしまったこともある。

1 あの人はかっこいい男／かわいい女に対して、　　　　　　　。

2 　　　　　　　は、嫌いな人に対して、　　　　　　　。

3 あの店の店員は客に対して、　　　　　　　。

4 　　　　　　　は、初対面の人に対して　　　　　　　。

5 　　　　　　　は　　　　　　　に対して、態度が悪い。

6 　　　　　　　は　　　　　　　に対して、　　　　　　　。

나만의 노트

예습이나 수업 중에 나온 단어를 적어보고, 다시 한번 복습해 보자.

韓国語	日本語	韓国語	日本語	韓国語	日本語

수업에 들어가기 전에 하는 예습으로 자신의 아이디어를 일본어로 써보자. 다음 주제로 다양한 질문을 생각해서 이야기해 보자.

● ペットについて

例 飼(か)っているペットは？小さい頃、飼っていたペットは？もし飼えるなら飼ってみたいペットは？

● 私のジンクス

例 あなたの日常生活(にちじょうせいかつ)のジンクスは？昔(むかし)から言われているジンクスは？

● 言われてうれしかった一言

例 友達に言われてうれしかった言葉は？先生に言われてうれしかった言葉は？

● ターニングポイント、〇〇で人生が変わりました。

例 自分の人生のターニングポイントだったと思うのはいつですか？自分が今までにした大きな決断(けつだん)は？

● 〇〇で挫折(ざせつ)しました。

例 あなたの挫折した経験は？もう無理だと思ったとき、あきらめるタイプですか？最後までがんばるタイプですか？

● スポーツ、見る vs する

例 スポーツは実際にする方が好きですか？テレビや競技場(きょうぎじょう)で見る方が好きですか？あなたの好きなスポーツは？

서로 이야기하면서 아래 문형 표현에 맞게 문장을 만들어보자.

♡ [명사] ＋ こそ　※「〜は」를 강조하는 표현

맛보기 挫折した時こそ、新しい自分を発見するチャンスだ。

1 前回は失敗に終わったけど、今度こそ ____________。

2 あの人こそ、うちのクラスの ____________ に相応しい。

3 私こそ、____________。

4 ____________ こそ、長い間私が夢にまで見ていたことです。

5 ____________ こそ、____________ で世界一の国だ。

6 ____________ こそ、____________。

나만의 노트

예습이나 수업 중에 나온 단어를 적어보고, 다시 한번 복습해 보자.

韓国語	日本語	韓国語	日本語	韓国語	日本語

Day 19

수업에 들어가기 전에 하는 예습으로 자신의 아이디어를 일본어로 써보자. 다음 주제로 다양한 질문을 생각해서 이야기해 보자.

- **朝型人間 VS 夜型人間**

  例 あなたの今の生活スタイルはどちらですか？あなたの平均睡眠時間は？

- **大企業の社員 VS 小企業の社長**

  例 あなたはどちらになりたいですか？それぞれどんな悩みや苦労があると思いますか？

- **制服 VS 私服**

  例 どちらが楽だと思いますか？学生時代、自分の学校の制服は好きでしたか？

- **春夏秋冬、一番好きな季節**

  例 好きな季節は？あなたの国で一番いい季節はいつですか？

- **身の回りで起きた変化**

  例 最近あなたの身の回りで起きた変化は？変化が多い生活が好きですか？変化が少ない生活が好きですか？

- **私の好きな言葉**

  例 昔の人たちが言った言葉で好きな言葉は？周りの人から言われた言葉で印象に残っている言葉は？

서로 이야기하면서 아래 문형 표현에 맞게 문장을 만들어보자.

ⓥ [　　A　] ため (に) ＝ ～が原因で

[명사] ～の ／ [い형용사] 보통형

[な형용사] 보통형 ／ [동사] た형

맛보기 連休に夜型の生活をしたために、学校が始まって朝型の生活に戻すのが大変だ。

1 スーパーでお金が足りなかったため、[　　　　　]。

2 [　　　　　]ため、[　　　　　]に遅刻してしまった。

3 体の調子が悪かったため、[　　　　　]。

4 事故のため、[　　　　　]。

5 [　　　　　]ため、家から出ることができなかった。

6 [　　　　　]ため、[　　　　　]。

나만의 노트

예습이나 수업 중에 나온 단어를 적어보고, 다시 한번 복습해 보자.

韓国語	日本語	韓国語	日本語	韓国語	日本語

Day **20**

수업에 들어가기 전에 하는 예습으로 자신의 아이디어를 일본어로 써보자. 다음 주제로 다양한 질문을 생각해서 이야기해 보자.

● **私は○○恐怖症です。**

例 あなたにとって怖いものは？あなたは何恐怖症ですか？

● **血液型と性格の関係、信じる VS 信じない**

例 血液型占いを信じますか？Ａ・Ｂ・Ｏ・ＡＢ型それぞれ一般的にどういう人が多いと言われていますか？

● **差別について**

例 あなたの周りにどんな差別があると思いますか？あなたが差別されたと感じた経験は？

● **自分の子どもがいじめられたら**

例 親として子どもに何をしてあげますか？親である自分にも責任があると思いますか？先生にも責任があると思いますか？

● **自分の性格、積極的 VS 消極的**

例 あなたの性格はどちらのタイプですか？また、何をするときに積極的／消極的になりますか？

● **面接を受けた経験**

例 今までにどんな面接を受けましたか？されて困った質問は？失敗してしまった経験は？

서로 이야기하면서 아래 문형 표현에 맞게 문장을 만들어보자.

〜ついでに　=　〜するときに、別のこともする

[명사] 〜の ／ [동사] 사전형・た형

맛보기 コンビニに飲み物を買いに行ったついでに、おやつのお菓子も買ってきた。

1　駅まで母を迎えに行くついでに、⬚⬚⬚⬚⬚⬚。

2　日本に旅行するついでに、⬚⬚⬚⬚⬚⬚。

3　近くに来たついでに、⬚⬚⬚⬚⬚⬚。

4　コンビニに行くついでに、⬚⬚⬚⬚⬚⬚。

5　散歩のついでに、⬚⬚⬚⬚⬚⬚。

6　⬚⬚⬚⬚⬚⬚ついでに、⬚⬚⬚⬚⬚⬚。

나만의 노트

예습이나 수업 중에 나온 단어를 적어보고, 다시 한번 복습해 보자.

韓国語	日本語	韓国語	日本語	韓国語	日本語

서로 이야기하면서 바른 일본어 또는 자연스러운
일본어로 고쳐보자.

1 仕事でストレスをもらいました。

→ ____

2 友達が全部帰りました。

→ ____

3 お腹が空いていたので、２つ全部食べてしまいました。

→ ____

4 去年に旅行で北海道に行きました。

→ ____

5 新しいアイディアを思い出しました。

→ ____

6 女きりでお酒を飲みに行きました。

→ ____

7 習ったばかりの単語が覚えません。

→ ____

8 犬に散歩させました。

→ ____

9 大丈夫な服ですね。

→ ____

10 ごめんな気持ちになりました。

→ ____

수업에 들어가기 전에 하는 예습으로 자신의 아이디어를 일본어로 써보자. 다음 주제로 다양한 질문을 생각해서 이야기해 보자.

● 〇〇をするときに優柔不断になってしまいます。

例 あなたは優柔不断な性格ですか？あなたがすぐに決められずに迷ってしまうことは？

● 〇〇人は〇〇な人が多いという先入観

例 日本人はどんなイメージですか？他の国の人は？あなたの国の人は他の国からどう思われていると思いますか？

● お酒を飲んで失敗した経験

例 あなたはどんな失敗をしたことがありますか？誰かが酔っ払ってあなたに失礼なことを言った場合、許してあげますか？

● 私の部屋には〇〇がたくさんあります。

例 あなたの部屋にはどんなものがありますか？あなたの部屋はいつも整理されていますか？

● 眠れないときにすること

例 眠れないときに、何をしますか？

● 文化のちがいを感じた経験

例 旅行をしていて、自分の国とちがうと感じたことは？あいさつの仕方や食べ方であなたの国と外国とのちがいは？

서로 이야기하면서 아래 문형 표현에 맞게 문장을 만들어보자.

💙 ～さ　　※ [程度]를 나타내는 명사

[い형용사] ～い／ [な형용사] ～な

맛보기 何を決^きめるのにも時間がかかる彼の優柔不断^{ゆうじゅうふだん}さには呆^{あき}れる。

1 日本人の 　　　　　　 さは、 　　　　　　 。

2 私の結婚相手の条件^{じょうけん}は 　　　　　　 の 　　　　　　 さです。

3 　　　　　　 の 　　　　　　 さには、感動しました。

4 あの人の 　　　　　　 さには、あきれて物も言えない。

5 私は 　　　　　　 さに、弱いです。

6 　　　　　　 の 　　　　　　 さは、 　　　　　　 。

나만의 노트

예습이나 수업 중에 나온 단어를 적어보고, 다시 한번 복습해 보자.

韓国語	日本語	韓国語	日本語	韓国語	日本語

수업에 들어가기 전에 하는 예습으로 자신의 아이디어를 일본어로 써보자. 다음 주제로 다양한 질문을 생각해서 이야기해 보자.

● 世代のちがいを感じた経験

例　年上／年下の人と話して、世代のちがいを感じた経験は？最近の小学生を見て、どんなことを感じますか？

● 私は生まれつき〇〇です。

例　あなたの子どもの頃から今まで変わらない性格は？小さい頃から得意だったことは？

● 飲み会のとき、好きな人／嫌いな人が隣に座ったら

例　嫌いな人とでも楽しく話ができますか？仲良くなりたい人にはどうやって近づきますか？

● 自分の〇〇なところが嫌いです。

例　あなたの性格で直さなきゃいけないと思うところは？

● こういうタイプの人とは友達になれません。

例　あなたはどんな性格の人とは友だちになりにくいと思いますか？友だちになりやすいと思う人の性格は？

● 前は嫌いだったけど、今は好きになったもの／前は好きだったけど、今は嫌いになったもの

例　それは何がきっかけで好き／嫌いになりましたか？大人になってから食べられるようになった食べ物は？

💙 [동사ない형] + ざるを得ない　＝　〜しなければいけない

※（예외）　する　→　せざるを得ない

맛보기 嫌いな上司でも、隣に座ったら、会話せざるを得ない。

1 貯金が無くなってしまったので、＿＿＿＿＿＿＿ざるを得ない。

2 仕事がたまっているので、今夜は＿＿＿＿＿＿＿ざるを得ない。

3 彼女に新しい彼氏ができたので、＿＿＿＿＿＿＿ざるを得ない。

4 もう大人になったんだから、＿＿＿＿＿＿＿ざるを得ない。

5 ＿＿＿＿＿＿＿ので、あきらめざるを得ない。

6 ＿＿＿＿＿＿＿ので、＿＿＿＿＿＿＿ざるを得ない。

나만의 노트 예습이나 수업 중에 나온 단어를 적어보고, 다시 한번 복습해 보자.

韓国語	日本語	韓国語	日本語	韓国語	日本語

우리들만의 수다방

수업에 들어가기 전에 하는 예습으로 자신의 아이디어를 일본어로 써보자. 다음 주제로 다양한 질문을 생각해서 이야기해 보자.

● 占（うらな）い、信じる vs 信じない

例 あなたが信じる占いは？占いで自分の将来のことを決める人がいますが、あなたはどう思いますか？

● こんなずうずうしい人がいました。

例 街（まち）で見たずうずうしい人は？自分がしたことで、「少しずうずうしかったな」と反省（はんせい）していることは？

● ○○になら、お金をかけてももったいなくない。

例 あなたは何にお金を使いますか？食費（しょくひ）に多くのお金を費（つい）やすことをどう思いますか？

● 赤ちゃん、男の子 vs 女の子

例 可愛（かわい）いと思うのはどっちですか？両方（りょうほう）とも欲しい場合、どちらが先に生（う）まれるといいと思いますか？

● 初めてのデートについて

例 一番気をつけなきゃいけないと思うことは？初めてデートしたときの思い出は？

● こんなプレゼントをもらって嬉（うれ）しかった。

例 今までにもらって嬉しかったプレゼントは？それは今でも大切に使っていますか？

서로 이야기하면서 아래 문형 표현에 맞게 문장을 만들어보자.

♡ 〜まい　＝　今後は〜しない

[동사] 사전형　　※[2・3그룹 동사]는 「ます형＋まい」도 가능

맛보기 もう二次会でカラオケには行くまい。

1 あんな人とは、もう 　　　　　　 まい。

2 もう 　　　　　　 は使うまい。

3 　　　　　　 に行ったとき、もう 　　　　　　 まいと思いました。

4 頭が痛い。もう 　　　　　　 まい。

5 もう二度と 　　　　　　 まい。

나만의 노트   예습이나 수업 중에 나온 단어를 적어보고, 다시 한번 복습해 보자.

韓国語	日本語	韓国語	日本語	韓国語	日本語

우리들만의 수다방	수업에 들어가기 전에 하는 예습으로 자신의 아이디어를 일본어로 써보자. 다음 주제로 다양한 질문을 생각해서 이야기해 보자.

- **見た目 vs 中身**

  例 彼氏／彼女を選ぶとき大切なのは？

- **学生時代、〇〇が苦手でした。**

  例 学生時代、苦手だった科目は？苦手な科目も一生懸命勉強しましたか？

- **酒癖について**

  例 あなたはお酒を飲むとどうなりますか？あなたが迷惑だと思う酒癖は？

- **つい見栄を張ってしまった経験**

  例 あなたが見栄を張ってしまった経験は？

- **〇〇を貸したけど、まだ返ってきません。**

  例 友達に貸した物で、まだ返してもらっていない物は？

- **「恋愛相手 = 結婚相手」か。**

  例 恋愛相手と結婚相手は同じだと思いますか？どういうタイプの人が恋愛／結婚するのにいいと思いますか？

서로 이야기하면서 아래 문형 표현에 맞게 문장을 만들어보자.

[동사ます형] ＋ ようがない　＝　方法がないので、〜できない

맛보기 酔っ払ってケータイを落としてしまい、もう見つけようがない。

1 突然引っ越してしまったので、＿＿＿＿＿＿ようがない。

2 迷子の子どもが泣いているけど、＿＿＿＿＿＿ので ＿＿＿＿＿＿
ようがない。

3 パソコンがないので、＿＿＿＿＿＿ようがない。

4 あの人はすぐに怒るので、＿＿＿＿＿＿ようがない。

5 ＿＿＿＿＿＿ので、探しようがない。

6 ＿＿＿＿＿＿ので、＿＿＿＿＿＿ようがない。

나만의 노트

예습이나 수업 중에 나온 단어를 적어보고, 다시 한번 복습해 보자.

韓国語	日本語	韓国語	日本語	韓国語	日本語

Day 25

수업에 들어가기 전에 하는 예습으로 자신의 아이디어를 일본어로 써보자. 다음 주제로 다양한 질문을 생각해서 이야기해 보자.

● **猫をかぶることについて**

例 あなたの身の回りで猫をかぶっている人はいますか？猫をかぶることは必要だと思いますか？

● **ヘアースタイルについて**

例 昔のヘアースタイルは？してみたいヘアースタイルは？

● **男女の友情は、成立するVS成立しない**

例 男女の友情は成立すると思いますか？異性の親友はいますか？

● **海外に住んでいる知り合いについて**

例 その知り合いはどこの国に住んでいますか？その人とよく連絡を取っていますか？遊びに行った経験は？

● **こんな親になりたい。**

例 将来どんな親になりたいと思いますか／思っていましたか？子どもは厳しく育てたいですか？自由に育てたいですか？

● **音楽や映画の無料ダウンロードについて**

例 違法のサイトもありますが、あなたは利用しますか？社会的にどんな問題が起こると思いますか？

서로 이야기하면서 아래 문형 표현에 맞게 문장을 만들어보자.

♡ 　A　 とともに 　B　

＝ 　Aしたあと、すぐにBする／AしながらBする／

　Aでもあるし Bでもある

[명사] 직접 접속 ／ [い형용사] ～い

[な형용사] ～である ／ [동사] 사전형

맛보기 彼女は海外で会社に勤めるとともに、自宅で翻訳の仕事もしている。

1 あの人は、　　　　　　　を卒業するとともに、　　　　　　　。

2 彼は会社を辞めるとともに　　　　　　　。

3 日本での留学生活は、　　　　　　　とともに　　　　　　　ものでも

あった。

4 朝起きるとともに　　　　　　　します。

5 彼女は　　　　　　　でバイトするとともに　　　　　　　。

6 　　　　　　　とともに　　　　　　　。

나만의 노트

예습이나 수업 중에 나온 단어를 적어보고, 다시 한번 복습해 보자.

韓国語	日本語	韓国語	日本語	韓国語	日本語

1 このズボンは、日本に行ったときに、万円で買いました。

→ ____

2 土曜日の夜は知り合い人と会って食事をしました。

→ ____

3 こんにちは。—— はい、こんにちは。

→ ____

4 車を気をつけて帰ってください。

→ ____

5 料理ができないので、家にいるときは、ラーメンだけ食べません。

→ ____

6 紅しょうがは何ですか？

→ ____

7 明日の会議は大切だから、ぜひ出席しなくちゃいけないよ。

→ ____

8 母に駅まで車で迎えに来てと頼みされました。

→ ____

9 はじめては寿司が食べられませんでした。

→ ____

10 今日はたくさん暑いですね。

→ ____

Day 26

수업에 들어가기 전에 하는 예습으로 자신의 아이디어를 일본어로 써보자. 다음 주제로 다양한 질문을 생각해서 이야기해 보자.

● **小さな子どもがインターネットをすること、賛成 VS 反対**

例 子どもがインターネットを利用することに、どんな長所／短所があると思いますか？

● **変わってしまったなぁと感じた人／もの**

例 久しぶりに会ったら変わっていた友達はいますか？小さい頃住んでいた町は、今どのように変わりましたか？

● **夏休みの計画／思い出について**

例 次の夏休みにしたいことは？小さい頃、夏休みをどのように過ごしましたか？

● **スランプについて**

例 スランプになった経験は？スランプになったとき、どのようにしてスランプから脱出しましたか？

● **10年後／20年後について**

例 あなたはどうなっていると思いますか？世の中はどうなっていると思いますか？

● **○○は難しすぎて出来ませんでした。**

例 難しすぎて挫折したことは？それにいつかまた挑戦したいと思いますか？

서로 이야기하면서 아래 문형 표현에 맞게 문장을 만들어보자.

♡ [동사ます형] + だす ＝ 〜し始める

맛보기 夏休みが近いので、みんな飛行機を予約しだしてチケットがない。

1 家を出ようとしたら、突然 ＿＿＿＿＿＿＿ だした。

2 ＿＿＿＿＿＿＿ がつまらなすぎて、お客さんたちが ＿＿＿＿＿＿＿ だした。

3 ＿＿＿＿＿＿＿、不真面目だった彼が猛勉強しだした。

4 赤ちゃんが ＿＿＿＿＿＿＿ だした。

5 冗談のつもりで言ったのに、友達が ＿＿＿＿＿＿＿ だした。

6 ＿＿＿＿＿＿＿ ので、＿＿＿＿＿＿＿ だした。

나만의 노트

예습이나 수업 중에 나온 단어를 적어보고, 다시 한번 복습해 보자.

韓国語	日本語	韓国語	日本語	韓国語	日本語

수업에 들어가기 전에 하는 예습으로 자신의 아이디어를 일본어로 써보자. 다음 주제로 다양한 질문을 생각해서 이야기해 보자.

● 歳をとったなぁと感じる瞬間

例 どんなときに歳をとったと感じますか？歳をとることは良いことだと思いますか？悪いことだと思いますか？

● ○○が上手くなりました／下手になりました。

例 あなたが上手くなったことは？逆に以前は上手かったけど下手になってしまったことは？

● リサイクルについて

例 捨てずにリサイクルした方がいいと思うものは？あなたは何かリサイクルしていますか？

● こんなケチな人がいました。

例 あなたの身の回りにケチな人はいますか？ケチと節約のちがいは何だと思いますか？

● ○○がやめられません。

例 悪いと思っているけどしてしまうことは？健康には悪いけどしてしまうことは？

● ○○がマイブーム

例 あなたが今凝っていることは何ですか？あなたは流行に敏感なタイプですか？鈍感なタイプですか？

💙 [동사ない형] + ずに　＝　～ないで

※ (예외)　する → せずに

맛보기 空き缶は捨てずにリサイクルしてください。

1　昨日の夜は本当に疲れていて、 [   ] ずに、いつの間にか寝てしまった。

2　彼は、働かずに、 [   ] ている。

3　昔の友達を偶然駅で見かけたのに、 [   ] ずに、

　 [   ] てしまった。

4　明日は早起きしなくていいので、 [   ] ずに、 [   ]

　 ことができる。

5　来週から試験が始まるので、 [   ] ずに勉強しなければいけない。

6　 [   ] ずに、 [   ] 。

나만의 노트

예습이나 수업 중에 나온 단어를 적어보고, 다시 한번 복습해 보자.

韓国語	日本語	韓国語	日本語	韓国語	日本語

수업에 들어가기 전에 하는 예습으로 자신의 아이디어를 일본어로 써보자. 다음 주제로 다양한 질문을 생각해서 이야기해 보자.

● 結婚すると女性の名字が変わることについて

例 もし自分の名字が変わったらどうですか？日本でも最近夫婦別姓が話題ですが、あなたは賛成ですか？反対ですか？

● 旅行するのに一番良い人数

例 何人で旅行するのが一番いいと思いますか？一人で旅行した経験は？

● テレビを見すぎるとバカになる、Yes or No

例 一日にどれくらいテレビを見ますか？長時間テレビを見ると頭が悪くなると言う人がいますが、あなたはどう思いますか？

● もし給料が同じなら、正社員 VS フリーター

例 あなたはどちらを選びますか？それぞれの良い点／悪い点は？

● 食べるために生きる VS 生きるために食べる

例 あなたはどちらの考え方ですか？

● もし突然会社をリストラされたら／学校を退学になったら

例 あなたは何をしますか？

서로 이야기하면서 아래 문형 표현에 맞게 문장을 만들어보자.

[명사] ＋ について ＝ 〜に関して

맛보기 長時間テレビを見ることについて、どう思いますか？

1 あの大学教授は ［　　　　　　　］について研究しています。

2 ［　　　　　　　］についての質問はお答えできません。

3 私は ［　　　　　　　］については、何も知りません。

4 ［　　　　　　　］についてどう思っているかを外国人に聞いてみたい。

5 ［　　　　　　　］について、みなさんはどうお考えですか？

6 ［　　　　　　　］について、［　　　　　　　］。

나만의 노트

예습이나 수업 중에 나온 단어를 적어보고, 다시 한번 복습해 보자.

韓国語	日本語	韓国語	日本語	韓国語	日本語

Day **29**

수업에 들어가기 전에 하는 예습으로 자신의 아이디어를 일본어로 써보자. 다음 주제로 다양한 질문을 생각해서 이야기해 보자.

● **自分の生活を楽しくするために〇〇をしています。**

> 例 どんな生活が楽しい生活だと思いますか？生活を楽しくするために、あなたがしていることは？

● **自分の長所／短所**

> 例 自分の長所／短所を聞かれたら何と答えますか？自分の短所を直すために何をしていますか？

● **亭主関白 vs かかあ天下**

> 例 どちらが良いと思いますか？あなたは結婚後どちらのタイプの夫婦になると思いますか？両親はどちらのタイプの夫婦ですか？

● **学生時代にがんばったこと**

> 例 学生時代にがんばったことは何ですか？学生時代にがんばったことは今も役に立っていますか？

● **一か月の長期休暇があったら、〇〇をします。**

> 例 一か月の長期休暇が取れたら、何をして過ごしますか？

● **こんなずるい人がいました。**

> 例 あなたの周りにはどんなずるい人がいますか？どんな人がずるいと思いますか？

서로 이야기하면서 아래 문형 표현에 맞게 문장을 만들어보자.

　　　　 A 　　につれて　　 B

　＝　　Aになると段々Bになる

Ⓐ ＝ [명사] 직접 접속 (변화를 나타내는 명사)

　　　　～になる (변화를 나타내지 않는 명사)

　　　[い형용사] ～くなる ／ [な형용사] ～になる ／ [동사] 사전형

Ⓑ ＝ [명사] ～になる ／ [い형용사] ～くなる

　　　[な형용사] ～になる

　　　[동사] 변화를 나타내지 않는 동사의 경우는 「ようになる」를 접속

맛보기 結婚して時間が経つにつれて、子どもが家族の中心になっていった。

1 暗くなるにつれて 　　　　　　　。

2 今の生活リズムに慣れるにつれて、 　　　　　　　。

3 日本語が上手くなるにつれて、 　　　　　　　。

4 年をとるにつれて、 　　　　　　　。

5 会う機会が増えるにつれて、 　　　　　　　。

6 　　　　　　　につれて、 　　　　　　　。

나만의 노트

예습이나 수업 중에 나온 단어를 적어보고, 다시 한번 복습해 보자.

韓国語	日本語	韓国語	日本語	韓国語	日本語

> **우리들만의 수다방** 수업에 들어가기 전에 하는 예습으로 자신의 아이디어를 일본어로 써보자. 다음 주제로 다양한 질문을 생각해서 이야기해 보자.

● 割り勘 VS おごり

> 例 いくらまでなら自分がおごりますか？あなたはデートする時割り勘にしますか？
> それともどちらか一人が全部払っていますか？

● 私のこだわり

> 例 あなたのこだわりは何ですか？買い物をするときに、店やブランドにこだわりは
> ありますか？

● 禁煙の方法

> 例 禁煙したがっている人にオススメする禁煙方法は？タバコを吸っている人は、今
> までに禁煙しようと思ったことはありますか？

● 小さいことだけど気になってしまうこと

> 例 他の人は気にしていないけど、あなたは気になってしまうということは？

● あなたの周りで裏表がある人

> 例 あなたの周りにも性格に裏表のある人がいますか？裏表のある人に対してどう思
> いますか？

● すごく慌ててしまった経験

> 例 慌ててしまった経験は？慌てたときでも、あなたはちゃんと行動できますか？

서로 이야기하면서 아래 문형 표현에 맞게 문장을 만들어보자.

♡ ～さえ　＝　～すら

※但し、「すら」は[条件]を表す節中では使えない。

（예）　彼さえいれば（○）　彼すらいれば（×）

[명사] 직접 접속 ／ [동사] ～こと

맛보기 彼氏が全て払うから、彼女のブランド物の財布には、小銭さえ入っていない。

1 緊張しすぎて、□□□□□さえできなかった。

2 彼はすごく腹が立ったようで、□□□□□さえ□□□□□ないで帰ってしまった。

3 交通事故に遭って以来、□□□□□さえできなくなってしまった。

4 □□□□□にびっくりして、□□□□□さえ□□□□□。

5 仕事を始めた頃は、□□□□□さえできなくて、しょっちゅう上司に怒られていた。

6 □□□□□さえ□□□□□。

나만의 노트

예습이나 수업 중에 나온 단어를 적어보고, 다시 한번 복습해 보자.

韓国語	日本語	韓国語	日本語	韓国語	日本語

서로 이야기하면서 바른 일본어 또는 자연스러운
일본어로 고쳐보자.

1 朝ごはんを食べないで、お腹が空きました。

→ ____

2 もし日本に行くと、お土産を買ってきてください。

→ ____

3 もし、英語が話せますか？

→ ____

4 先生、お疲れ様でした。(수업이 끝날 때)

→ ____

5 家がどこですか？

→ ____

6 今日は夜10時まで帰らなければいけません。

→ ____

7 ありがとうございました。―― いえいえ、私がありがとうございました。

→ ____

8 彼は高校生のとき、班長でした。

→ ____

9 頭が痛いので、薬を食べました。

→ ____

10 私はお金持ちもないし、貧乏もないです。

→ ____

수업에 들어가기 전에 하는 예습으로 자신의 아이디어를 일본어로 써보자. 다음 주제로 다양한 질문을 생각해서 이야기해 보자.

● 試験勉強、一夜漬け VS 計画的

例 学生時代、試験勉強はどのくらい前から始めていましたか？一夜漬けしてもいい と思う科目は？

● 小さい頃、〇〇に夢中でした。

例 あなたが小学生の頃夢中になったことは？中学生、高校生の頃は？

● お小遣いについて

例 小さい頃、いくらくらいお小遣いをもらっていましたか？自分の子どもには、い くらくらいお小遣いをあげればいいと思いますか？

● 自分の性格、楽観的 VS 悲観的

例 あなたの性格はどちらだと思いますか？どんなことに関して、楽観的／悲観的で すか？

● 国際結婚、賛成 VS 反対

例 国際結婚の良い点／悪い点は？国際結婚をして苦労しそうだと思うことは？両親 は賛成してくれると思いますか？

● もし生まれ変わるとしたら、男 VS 女

例 もし生まれ変わるとしたら、どちらになりたいですか？男の人生と女の人生はど のような違いがあると思いますか？

서로 이야기하면서 아래 문형 표현에 맞게 문장을 만들어보자.

（　[　　A　　]　に）　[　　B　　]　てもらいたい

＝　AがBしてくれたらうれしい

Ⓐ　＝　[명사] 직접 접속

Ⓑ　＝　[동사] て형

맛보기 娘には外国に住まないで、ずっと近くにいてもらいたい。

1　お腹が空いたので、[　　　　　　　]てもらいたいんですが。

2　足が痛いので、[　　　　　　]てもらいたいです。

3　せっかく会えたんだから、[　　　　　　]てもらいたかったです。

4　忘れ物してしまったので、[　　　　　　]てもらえませんか。

5　急に忙しくなってしまったので、[　　　　　]てもらえませんか。

6　[　　　　　]に[　　　　　　]てもらいたいです。

예습이나 수업 중에 나온 단어를 적어보고, 다시 한번 복습해 보자.

韓国語	日本語	韓国語	日本語	韓国語	日本語

수업에 들어가기 전에 하는 예습으로 자신의 아이디어를 일본어로 써보자. 다음 주제로 다양한 질문을 생각해서 이야기해 보자.

〇〇に憧れています。

例 小さい頃、あなたが憧れていた人／ものは？今あなたが憧れている人／ものは？

理想と現実のギャップを感じた経験

例 現実は厳しいと感じたことは？出来そうだと思ったら、意外と難しかったことは？面白そうだと思ったら、つまらなかったことは？

彼氏／彼女／結婚相手、モテる人 vs モテない人

例 相手にするなら、どちらがいい？もてない人の方がいいと思う人もいますが、なぜだと思いますか？実際のあなたの相手はどちら？

外国人の彼／彼女について

例 外国人と恋愛関係になったことがありますか？言葉の問題はありませんでしたか？外国人の恋人がいて良かったこと／困ったことは？

希望の子どもの人数

例 子どもは欲しいですか？産むとしたら何人ぐらい欲しいですか。その理由は何ですか？

地球最後の日、〇〇をして過ごします。

例 地球最後の日にしたいと思うことは？地球が滅亡する理由は何だと思いますか？

♡　[　　A　]　っぱなし　＝　～たまま

Ⓐ　＝　[동사] ます형

맛보기　子どもたちはいつもドアを開けっぱなしにして外に行きます。

1　[　　　　]を置きっぱなしにしていたら、[　　　　]てしまった。

2　コンタクトレンズを[　　　　]っぱなしにして寝たら、[　　　　]。

3　水を[　　　　]っぱなしにしていたら、[　　　　]。

4　窓を[　　　　]っぱなしにしていたら、[　　　　]。

5　電気を[　　　　]っぱなしにして、[　　　　]てしまった。

6　[　　　　]っぱなしにして、[　　　　]。

나만의 노트

예습이나 수업 중에 나온 단어를 적어보고, 다시 한번 복습해 보자.

韓国語	日本語	韓国語	日本語	韓国語	日本語

우리들만의 수다방

수업에 들어가기 전에 하는 예습으로 자신의 아이디어를 일본어로 써보자. 다음 주제로 다양한 질문을 생각해서 이야기해 보자.

● **今になって後悔していること**

例 小さい頃、しておけばよかったと後悔していることは？将来後悔しないために、今していることは？

● **〇〇をしている時が一番幸せです。**

例 自分が幸せだと感じるのはいつですか？幸せだと思う人はどんな人ですか？

● **もう二度と行きたくない場所**

例 もう二度と行きたくないと思った食堂は？もう旅行したくないと思った場所は？

● **家にゴキブリが出たら**

例 家にゴキブリが出たら、どうしますか？家族の誰が退治しますか？退治する方法は？

● **忘れ物について**

例 忘れ物をして困った経験は？忘れ物をしないためには、どんな予防策がありますか？

● **泣いてしまった経験**

例 最近泣いたのはいつですか？悲しくて泣くことが多いですか？感動して泣くことが多いですか？

서로 이야기하면서 아래 문형 표현에 맞게 문장을 만들어보자.

> 　　　Ａ　　　あまり、　　　Ｂ　　　
>
> ＝　Ａすぎてになってしまった　　　※Ｂ＝悪い結果
>
> Ａ ＝ [명사] の ／ [い형용사] 〜い
>
> 　　　 [な형용사] 〜な ／ [동사] 보통형

맛보기 帰りを急いだあまり、忘れ物をしてしまった。

1 会社を　　　　　　あまり、　　　　　　てしまった。

2 　　　　　　あまり、友達がいなくなってしまった。

3 彼は真面目すぎたあまり、　　　　　　。

4 あの人は働きすぎたあまり、　　　　　　。

5 彼女はいろいろと考えすぎたあまり、　　　　　　。

6 　　　　　　あまり、大きなミスを犯してしまった。

7 　　　　　　あまり、　　　　　　。

나만의 노트

예습이나 수업 중에 나온 단어를 적어보고, 다시 한번 복습해 보자.

韓国語	日本語	韓国語	日本語	韓国語	日本語

> **우리들만의 수다방**
>
> 수업에 들어가기 전에 하는 예습으로 자신의 아이디어를 일본어로 써보자. 다음 주제로 다양한 질문을 생각해서 이야기해 보자.

● **〇〇はもうやめたい。**

例 あなたが今していることで、もうやめたいと思っていることは？やめたいけど、やめられないことは？

● **こんなプレゼントをもらって困った。**

例 今までにもらったプレゼントで、もらって困ったものは？要らないプレゼントはどうしますか？

● **ニュースを見るなら、新聞 vs インターネット**

例 ニュースを見るとき、どちらで見ますか？それぞれの良い点／悪い点は？

● **食事に関して気をつけていること**

例 健康のために、食べるように／食べないように気をつけているものは？夜中にお腹が空いたら、食べますか？我慢しますか？

● **できちゃった結婚について**

例 あなたはできちゃった結婚について、肯定派？否定派？もし望まない妊娠をしたら／させたら、どうしますか？

● **〇〇のとき、とても緊張しました。**

例 あなたの緊張した経験は？あなたは緊張したら、どうなりますか？

♡ [A]は[B]ものだ　＝　Aは一般的にBする

Ａ ＝ [명사]

Ｂ ＝ [동사] 보통형 ／ [い형용사] 〜い ／ [な형용사] 〜な

맛보기 人前に出ると、誰でも初めは緊張するものだ。

1 小さな子どもは 　　　　　 ものだ。

2 時間は 　　　　　 ものだ。

3 先生は 　　　　　 ものだ。

4 お金は 　　　　　 ものだ。

5 大人は 　　　　　 ものだ。

6 　　　　　 は 　　　　　 ものだ。

나만의 노트

예습이나 수업 중에 나온 단어를 적어보고, 다시 한번 복습해 보자.

韓国語	日本語	韓国語	日本語	韓国語	日本語

수업에 들어가기 전에 하는 예습으로 자신의 아이디어를 일본어로 써보자. 다음 주제로 다양한 질문을 생각해서 이야기해 보자.

● ○○はうるさすぎて我慢（がまん）できない。

例 あなたの周りでうるさい人は？うるさすぎて行きたくない場所は？

● ブランド品について

例 商品（しょうひん）を選ぶとき、ブランド名を気にしますか？高級（こうきゅう）なブランド品を持つことの良い点は？

● 私は○○な子どもでした。

例 あなたはどんな子どもでしたか？両親から聞いたあなたの子どもの頃のエピソードは？

● 一（いっ）か所（しょ）に定住（ていじゅう）VS 何度も引越（ひっこ）しする

例 どちらの人生の方が良いと思いますか？あなたの引越しの経験は？それぞれの良い点／悪い点は？

● ケンカについて

例 友達／両親とケンカした経験は？ケンカしたら、自分から謝（あやま）りますか？相手が謝ってくるのを待ちますか？

● 私は○○に詳（くわ）しいです。

例 あなたが他の人よりも詳しく知っていることは？あなたが詳しくなりたいと思うことは？

서로 이야기하면서 아래 문형 표현에 맞게 문장을 만들어보자.

💙 [동사て형] ＋ おく　＝　前もって～する

맛보기 引越しする前日に、送る荷物をダンボール箱に入れておいた。

1 試験が近いので、　[　　　　　]　ておかなければいけません。

2 久しぶりに運動するのに、　[　　　　　]　ておかなかったから、

[　　　　　]。

3 友達が家に来ると言うので、　[　　　　　]　ておきました。

4 明日の会議のために、　[　　　　　]　ておかなければいけません。

5 [　　　　　]　ておいたのに、うまくいかなかった。

6 [　　　　　]　ので、[　　　　　]　ておきました。

나만의 노트 예습이나 수업 중에 나온 단어를 적어보고, 다시 한번 복습해 보자.

韓国語	日本語	韓国語	日本語	韓国語	日本語

서로 이야기하면서 바른 일본어 또는 자연스러운
일본어로 고쳐보자.

1 彼は再修生_{さいしゅうせい}なので、毎日朝から夜まで勉強しています。

　→ ____

2 どこかから変_{へん}なにおいが出_でます。

　→ ____

3 泥棒_{どろぼう}に入_{はい}られたので、警察_{けいさつ}に申告_{しんこく}しました。

　→ ____

4 学校に奨学金_{しょうがくきん}をもらいました。

　→ ____

5 子どもが友達にいじめされました。

　→ ____

6 犯人_{はんにん}が警察_{けいさつ}につかまれました。

　→ ____

7 無_なくした鍵_{かぎ}をやっと探_{さが}しました。

　→ ____

8 試験_{しけん}、よく受_うけましたか？

　→ ____

9 日本で友達が遊_{あそ}びに来ます。

　→ ____

10 一人ではできないので、友達に手伝_{てつだ}いをもらいました。

　→ ____

수업에 들어가기 전에 하는 예습으로 자신의 아이디어를 일본어로 써보자. 다음 주제로 다양한 질문을 생각해서 이야기해 보자.

先生について

例 今までに出会った先生で、印象に残っている先生は？先生に褒められた／怒られた経験は？

○○を失くしちゃいました。

例 今までにどこかで失くしてしまったものは？絶対に失くしたくないものは？

インドア派 VS アウトドア派

例 あなたはどちらのタイプですか？休日の過ごし方は？

怒った経験

例 最近腹が立ったことは何ですか？あなたは怒ったらどうなりますか？

他人の悪いところ、本人に言う VS 言わない

例 あなたはどちらですか？まわりの人があなたの良くないところを直接指摘してくれた方がいいですか？直接には言わない方がいいですか？

UFO／宇宙人、信じる VS 信じない

例 あなたはどちらですか？UFOや宇宙人に関して、どんな話を聞いたことがありますか？

서로 이야기하면서 아래 문형 표현에 맞게 문장을 만들어보자.

♡ 　A　 ふりをする　＝　うそで～の演技をする

Ⓐ ＝ [명사] ～の ／ [い형용사] ～い

[な형용사] ～な ／ [동사] 보통형

맛보기 ケンカはしたくなかったので、我慢して怒っていないふりをした。

1　嫌いな人に偶然会ってしまい、　　　　　　　　ふりをした。

2　先生に怒られそうになった時、　　　　　　　　ふりをした。

3　街中で転んでしまったが、　　　　　　　　ふりをした。

4　酔っ払ったふりをして、　　　　　　　　。

5　山で熊に遭遇したら、　　　　　　　　ふりをすると助かる可能性が高いらしい。

6　　　　　　　　とき、　　　　　　　　ふりをして、　　　　　　　　。

나만의 노트

예습이나 수업 중에 나온 단어를 적어보고, 다시 한번 복습해 보자.

韓国語	日本語	韓国語	日本語	韓国語	日本語

수업에 들어가기 전에 하는 예습으로 자신의 아이디어를 일본어로 써보자. 다음 주제로 다양한 질문을 생각해서 이야기해 보자.

● 久しぶりに〇〇をしました。

例 ずっとやっていなくて久しぶりにしたことがありますか？久しぶりにやってみてどうでしたか？

● 人間はいつからおじさん／おばさんになるか。

例 人間はいつからおじさん／おばさんになると思いますか？自分がおじさん／おばさんっぽいことをしてしまったなぁと感じた経験は？

● 〇〇は私の国が世界一です。

例 あなたの国が世界一だと思うことは何ですか？他の国の人に自慢できることは何ですか？

● 怖い思いをした経験

例 あなたはどんな怖い体験をしたことがありますか？あなたが聞いたことがある怖い話は？

● 嫌いな人からもらったもの、使う VS 使わない

例 嫌いな人からもらったものは使いますか？使いませんか？

● 人の幸福／不幸について

例 人の幸福を一緒に喜ぶことができますか？人の不幸を一緒に悲しむことができますか？

💙 [동사 사전형] + べきだ　=　当然～しなければいけない

맛보기　嫌（きら）いな人でも、ちゃんと挨拶（あいさつ）するべきだ。

1　友達なんだから、　　　　　　　　べきだ／べきじゃない。

2　大人なら、　　　　　　　べきだ／べきじゃない。

3　若い時に、　　　　　　　べきだ／べきじゃない。

4　学生は、　　　　　　　べきだ／べきじゃない。

5　両親には、　　　　　　　べきだ／べきじゃない。

6　　　　　　　なら、　　　　　　　べきだ／べきじゃない。

나만의 노트

예습이나 수업 중에 나온 단어를 적어보고, 다시 한번 복습해 보자.

韓国語	日本語	韓国語	日本語	韓国語	日本語

수업에 들어가기 전에 하는 예습으로 자신의 아이디어를 일본어로 써보자. 다음 주제로 다양한 질문을 생각해서 이야기해 보자.

● 私の好きな場所／思い出の場所

例 小さい頃よく遊んだ場所は？初めてデートした思い出の場所は？

● 外食 VS 自炊

例 食事するならどちらがいいですか？あなたは一人で外食することを恥ずかしいと感じますか？

● 家庭 VS 仕事

例 どちらを優先しますか？小さい頃、あなたのご両親はどちらを大切にしているように見えましたか？

● 私は○○に厳しい／甘いです。

例 あなたは何に厳しい／甘いですか？あなたは他人に厳しいタイプですか？それとも自分に厳しいタイプですか？

● 私の好きな／嫌いな言葉

例 あなたの好きな／嫌いな言葉は？その言葉は誰の言葉ですか？

● ○○に謝りたい。

例 あなたが今謝りたいと思っていることは？誰に対して謝りたいですか？

서로 이야기하면서 아래 문형 표현에 맞게 문장을 만들어보자.

♡ 　A　 おかげで 　B　　　　A＝原因　　B＝結果

※ Aへの感謝の気持ちを表す

Ⓐ ＝ [명사] 〜の・である ／ [い형용사] 〜い

　　　[な형용사] 〜な・である ／ [동사] 보통형

맛보기 友達の優しい一言のおかげで、ショックから立ち直りました。

1　日本語を勉強しているおかげで、　　　　　　　。

2　　　　　　　　　おかげで、ここのところ体調がすごく良い。

3　両親のおかげで、　　　　　　　。

4　　　　　　　　　おかげで、心が楽になった。

5　先生のおかげで、　　　　　　　。

6　　　　　　　　　おかげで、　　　　　　　。

예습이나 수업 중에 나온 단어를 적어보고, 다시 한번 복습해 보자.

韓国語	日本語	韓国語	日本語	韓国語	日本語

Day 39

수업에 들어가기 전에 하는 예습으로 자신의 아이디어를 일본어로 써보자. 다음 주제로 다양한 질문을 생각해서 이야기해 보자.

● **お見合い結婚について**

> 例 お見合いしたことはありますか？お見合い結婚と恋愛結婚、どちらがいいと思いますか？

● **仕事、一人でする VS みんなでする**

> 例 あなたの今の仕事はどちらのタイプですか？それぞれの良い点／悪い点は？

● **時間が経つのが速い／遅いと感じた経験**

> 例 どんなことをしているとき、時間が経つのが速い／遅いと感じますか？去年一年間は短かったと感じますか？長かったと感じますか？

● **結婚後仕事を、続ける VS 辞める**

> 例 結婚したら仕事は続けたいですか？やめたいですか？仕事を続けたいとしたらその理由は？やめたいとしたらその理由は？子どもができたら？

● **パニックになった経験**

> 例 あなたがパニックになってしまった経験は？パニックに陥った時、どうやって心を落ち着かせますか？

● **死ぬまでに一度はしてみたいこと**

> 例 あなたが死ぬまでに一度はしてみたいことは何ですか？それを何歳くらいでしたいですか？

서로 이야기하면서 아래 문형 표현에 맞게 문장을 만들어보자.

♡ [　　A　　] だけに [　　B　　]

＝ やはりAだから、予想通りBだ

A ＝ [명사] 〜(な)・である ／ [い형용사] 〜い

[な형용사] 〜な・である ／ [동사] 보통형

맛보기 彼女は栄養士(えいようし)だけに、料理(りょうり)をする時に、健康(けんこう)を第一(だいいち)に考(かんが)えている。

1 彼女はスポーツをやっているだけに 　　　　　　　 。

2 あの人は大学教授(きょうじゅ)だけに、　　　　　　　。

3 彼は芸術家(げいじゅつか)だけに、　　　　　　　。

4 　　　　　　　は、毎日勉強しているだけに 　　　　　　　。

5 彼は有名なだけに、　　　　　　　。

6 　　　　　　　は、　　　　　　　だけに、　　　　　　　。

나만의 노트

예습이나 수업 중에 나온 단어를 적어보고, 다시 한번 복습해 보자.

韓国語	日本語	韓国語	日本語	韓国語	日本語

수업에 들어가기 전에 하는 예습으로 자신의 아이디어를 일본어로 써보자. 다음 주제로 다양한 질문을 생각해서 이야기해 보자.

○○する時間がもったいない。

例 時間がもったいないと感じることは？逆に、いくら時間をかけてももったいなくないと感じることは？

好きなものから VS 嫌いなものから

例 食べ物を食べるときはどちらから食べますか？仕事するときはどちらからしますか？

親譲りだと思うこと／思わないこと

例 あなたとあなたのご両親とで、似ている／似ていないのはどんなところですか？

昔の人を羨ましいと思うこと

例 おじいさん／おばあさんに昔の話を聞いて、羨ましいと思うことは？100年前／1000年前の人を羨ましいと思うことは？

年上の後輩がタメ口、怒る VS 許す

例 年上の後輩がタメ口で話しかけてきたら、怒りますか？許しますか？あなたは年下の先輩とは、どのように接しますか？

タバコについて

例 タバコで迷惑した経験は？タバコがいくら以上だったら吸うのを辞めますか？

♡ [A] もいれば(あれば)、[B] もいる(ある)

= ～もいる(ある)し、～もいる(ある)

Ⓐ, Ⓑ = 명사

맛보기 私には、父と似ている部分もあれば、全然似ていない部分もある。

1 このクラスには [　　　　　] もいれば、[　　　　　] もいる。

2 私の友達の中には、[　　　　　] もいれば、[　　　　　] もいる。

3 スーパーには、[　　　　　] もあれば (いれば) 、[　　　　　] もある (いる) 。

4 世の中には、[　　　　　] もいれば (あれば) 、[　　　　　] もいる (ある) 。

5 [　　　　　] には [　　　　　] もいれば (あれば) 、

[　　　　　] もいる (ある) 。

나만의 노트

예습이나 수업 중에 나온 단어를 적어보고, 다시 한번 복습해 보자.

韓国語	日本語	韓国語	日本語	韓国語	日本語

1 多い人が中国語を勉強しています。

→ ____

2 小さい頃から勉強が上手でした。

→ ____

3 私の家は住宅です。

→ ____

4 学点が足りないと、大学を卒業できません。

→ ____

5 今ごろよく忘れ物をします。

→ ____

6 洋服のサイズが当たりません。

→ ____

7 朝のラッシュの時間は電車が複雑します。

→ ____

8 彼女は今まで怒っています。

→ ____

9 彼の本当の気持ちが分かりたいです。

→ ____

10 家に帰って、洗って寝ました。

→ ____

Day **41**

수업에 들어가기 전에 하는 예습으로 자신의 아이디어를 일본어로 써보자. 다음 주제로 다양한 질문을 생각해서 이야기해 보자.

● 彼／彼女との連絡

例 彼／彼女にはどのくらい連絡をしますか？連絡する頻度と愛情は比例すると思いますか？

● 一年中夏 vs 一年中冬

例 あなたはどちらの場所に住みたいですか？それぞれどんなことに困りそうですか？

● マンション vs 一戸建て

例 将来どちらに住みたいですか？それぞれの良い点／悪い点は？

● 私の食わず嫌い

例 あなたの食わず嫌いは何ですか？子どもの頃は嫌いだったけど、大人になって好きになった食べ物は？

● 初めて〇〇した経験

例 それを初めて体験したとき、どういう感想を持ちましたか？

● こんな迷惑な人がいました。

例 街や電車の中で迷惑な行動をする人を見たことがありますか？

서로 이야기하면서 아래 문형 표현에 맞게 문장을 만들어보자.

♡ [Ⓐ] だけでなく、 [Ⓑ]

= Ａはもちろん、Ｂも

Ⓐ = [명사] 직접 접속・である ／ [い형용사] 〜い

[な형용사] 〜な・である ／ [동사] 보통형

맛보기 彼は彼女とデートをする度に、家に送るだけでなく、プレゼントまであ
げる。

1 私は日本語だけでなく、[　　　　　　]。

2 主婦は、[　　　　　]だけでなく、[　　　　　]。

3 父は、[　　　　　]だけでなく、[　　　　　]。

4 うちの会社／学校は、[　　　　　]だけでなく、[　　　　　]。

5 新入社員／新入生は、[　　　　　]だけでなく、[　　　　　]。

6 [　　　　　]は、[　　　　　]だけでなく、[　　　　　]。

나만의 노트

예습이나 수업 중에 나온 단어를 적어보고, 다시 한번 복습해 보자.

韓国語	日本語	韓国語	日本語	韓国語	日本語

수업에 들어가기 전에 하는 예습으로 자신의 아이디어를 일본어로 써보자. 다음 주제로 다양한 질문을 생각해서 이야기해 보자.

● 〇〇にはもう飽きました。

例 あなたがもう飽きてしまったことは何ですか？

● 〇〇を盗まれてしまいました。

例 あなたが今までに盗まれてしまったものは？あなたの家は泥棒に入られたことがありますか？

● 努力で自分の性格を、変えられる VS 変えられない

例 努力すれば性格は変わると思いますか？あなたの周りで性格が変わったと思う人はいますか？

● 〇〇で眠気解消

例 眠いとき、どのようにして眠気を解消しますか？あなたがすぐに眠くなってしまうのは何をしている時ですか？

● 家に一人でいる時、〇〇をして過ごします。

例 家に一人でいる時、何をして過ごしますか？子どもの頃、家で遊ぶのと外で遊ぶのとでは、どちらの方が好きでしたか？

● 学生時代、先生が話したことで印象に残っていること

例 今でも覚えている先生の言葉は？その言葉であなたはどんな影響を受けましたか？

서로 이야기하면서 아래 문형 표현에 맞게 문장을 만들어보자.

♡ 〜ものだ　＝　以前は〜だった（けど、今はちがう）

[명사] 〜だった ／ [い형용사] 〜かった

[な형용사] 〜だった ／ [동사] た형

맛보기 胃を壊す前は、眠気覚ましに一日何杯もコーヒーを飲んだものだ。

1 私が子どもの頃、この町は ☐ ものだ。

2 昔、この国は ☐ ものだ。

3 以前の彼は ☐ ものだ。

4 私は、小さい頃、 ☐ ものだ。

5 ☐ はよかったものだ。

6 ☐ は、 ☐ ものだ。

나만의 노트

예습이나 수업 중에 나온 단어를 적어보고, 다시 한번 복습해 보자.

韓国語	日本語	韓国語	日本語	韓国語	日本語

> 수업에 들어가기 전에 하는 예습으로 자신의 아이디어를 일본어로 써보자. 다음 주제로 다양한 질문을 생각해서 이야기해 보자.

● ○○には耐えられない。

例 あなたが我慢できないことは？子どもの頃、耐えられなくて止めたことは？

● 私は○○から大きな影響を受けました。

例 子どもの頃、あなたは何から大きな影響を受けましたか？大人になってから、何に影響を受けましたか？

● 化粧する男について

例 男が化粧することについて、どう思いますか？

● 電車／バスの中での時間の過ごし方

例 電車／バスの中で何をして時間を過ごしますか？

● 花のプレゼント、嬉しい VS 要らない

例 花をプレゼントされたら嬉しいですか？誰かに花をプレゼントしたことがありますか？相手の反応は？

● 私が普段心掛けていること

例 あなたがいつもするように心掛けていることは？あなたがいつもしないように気をつけていることは？

서로 이야기하면서 아래 문형 표현에 맞게 문장을 만들어보자.

💙 あまりに(も) [A] すぎて、[B]

＝　とてもＡなのでＢだ　　※Ｂ＝悪い結果

Ⓐ ＝ [명사] 직접 접속 ／ [い형용사] 〜い

[な형용사] 〜な ／ [동사] ます형

맛보기 隣(となり)の犬があまりにもうるさすぎて、耐(た)えられない。

1 ________ は、あまりにも ________ すぎて、涙(なみだ)が出てしまった。

2 この会社は、あまりにも ________ すぎて、________ 。

3 あの人は、あまりにも ________ すぎて、________ 。

4 あの店は、あまりにも ________ すぎて、________ 。

5 ________ は、あまりにも ________ すぎて、

________ 。

나만의 노트

예습이나 수업 중에 나온 단어를 적어보고, 다시 한번 복습해 보자.

韓国語	日本語	韓国語	日本語	韓国語	日本語

Track 44

수업에 들어가기 전에 하는 예습으로 자신의 아이디어를 일본어로 써보자. 다음 주제로 다양한 질문을 생각해서 이야기해 보자.

学生にとって一番重要な科目

例 学校で習う科目で大人になってから一番役に立つと思う科目は？学生時代、一生懸命勉強した科目は？

言い訳について

例 あなたが今までにしてしまった言い訳は？もしすごく重要な約束に遅刻したら、どんな言い訳をすれば許してもらえると思いますか？

交通事故について

例 あなたは今までに交通事故に遭ったことがありますか？今までに目撃した交通事故は？

○○をするとリラックスできます。

例 ホッと一息つきたいとき、何をしますか？リラックスしたい時、どこに行きますか？

異性が羨ましいと思った経験

例 どんなとき、自分が男／女だったらいいのにと思いますか？あなたの国では、日常生活で男女にどんな差があると思いますか？

私の町の自慢できるところ

例 あなたの住んでいる町で自慢できることは何ですか？遠くから友達が来たら、どこに連れて行って何がしたいですか？

서로 이야기하면서 아래 문형 표현에 맞게 문장을 만들어보자.

♡ [A   ] はずだ　＝　当然Aだと思う

Ⓐ ＝ [명사] 〜の・である ／ [い형용사] 〜い

[な형용사] 〜な・である ／ [동사] 보통형

맛보기 あんなスピードで運転していたら、いつか事故を起こすはずだ。

1 こんなに練習したんだから、[   ]はずだ／はずがない。

2 あの人は、昨日あんなに元気だったんだから、[   ]はずだ／はずがない。

3 天気予報で[   ]と言っているから、明日は[   ]はずだ／はずがない。

4 毎日きちんと体調管理していれば、[   ]はずだ／はずがない。

5 ちゃんと確認したんだから、[   ]はずだ／はずがない。

6 [   ]から、[   ]はずだ／はずがない。

예습이나 수업 중에 나온 단어를 적어보고, 다시 한번 복습해 보자.

韓国語	日本語	韓国語	日本語	韓国語	日本語

수업에 들어가기 전에 하는 예습으로 자신의 아이디어를 일본어로 써보자. 다음 주제로 다양한 질문을 생각해서 이야기해 보자.

● 幸せの条件

例 何が多いと人生は幸せだと思いますか？あなたが考える幸せって？

● 〇〇を無駄遣いしてしまいました。

例 あなたがしてしまった無駄遣いは？無駄遣いしないように気をつけていることは？

● おしゃべりな人 VS 無口な人

例 友達にするならどちらがいいですか？恋愛相手にするならどちらがいいですか？あなたはどちらのタイプですか？

● 恋愛の終わりは、ふる VS ふられる

例 ふるのとふられるのは、どちらがいいですか？どちらの経験の方が多いですか？相手を傷つけないようにふる方法は？

● 満員電車 VS 大渋滞

例 我慢できるのはどちらですか？それぞれ、どんな悪い点がありますか？

● 告白してふられる VS 告白しないで諦める

例 叶わない恋なら、どちらを選びますか？言われて嬉しい告白の言葉は？

서로 이야기하면서 아래 문형 표현에 맞게 문장을 만들어보자.

💙 [동사た형] ＋ らいかがですか　＝　～するといいですよ

맛보기 今日は道が混みそうだから、電車で行っ**たらいかがですか**。

1　今の仕事が嫌なら、□□□たらいかがですか。

2　最近太ったなら、□□□たらいかがですか。

3　遊んでばかりいないで、□□□たらいかがですか。

4　彼／彼女のことがそんなに好き／嫌いなら、□□□たらどうですか。

5　□□□なら、□□□たらどうですか。

나만의 노트

예습이나 수업 중에 나온 단어를 적어보고, 다시 한번 복습해 보자.

韓国語	日本語	韓国語	日本語	韓国語	日本語

서로 이야기하면서 바른 일본어 또는 자연스러운
일본어로 고쳐보자.

1 何年前に旅行で日本に行ったことがあります。

　→ ____

2 お久しぶりに小学校の時の先生に会いました。

　→ ____

3 土曜日は友達の家で寝ました。

　→ ____

4 ご飯がまずくて失望しました。

　→ ____

5 私の大学の先生は歳が多いです。

　→ ____

6 ゲームしながら遊ぼう。

　→ ____

7 この店に来ると毎日カレーを食べます。

　→ ____

8 貸してくれたDVD、おもしろく見ました。

　→ ____

9 強いチームが弱いチームを無視しています。

　→ ____

10 私は大学校一年生です。

　→ ____

수업에 들어가기 전에 하는 예습으로 자신의 아이디어를 일본어로 써보자. 다음 주제로 다양한 질문을 생각해서 이야기해 보자.

● 私は〇〇に弱いです。

例 あなたは何に弱いですか？以前は弱かったけど克服したことは？

● 顔 vs 背

例 彼氏／彼女を選ぶとき、どちらが重要だと思いますか？

● 〇〇に感動しました。

例 あなたが最近感動したことは？あなたが聞いて感動した言葉は？

● 結婚前に同棲することについて

例 結婚する前に同棲することに、どんな良い点／悪い点があると思いますか？あなたは、結婚する前に、婚約者と同棲したいですか？

● こんなマナーが悪い人がいました。

例 あなたが街中で見たマナーが悪い人はどんな人ですか？あなたがしないように気をつけていることは？

● 私のボランティア経験

例 あなたのボランティア経験は？してみたいと思うボランティアは？ボランティアは自分のためにしますか？相手のためにしますか？

서로 이야기하면서 아래 문형 표현에 맞게 문장을 만들어보자.

[동사 사전형] + ことにする　＝　～することを自分で決心する

맛보기 恵まれない子どもたちのために、ボランティア活動をすることにしました。

1 来年 □□□□□ ことにしました。

2 ダイエットのために、□□□□□ ことにしました。

3 お金がないので □□□□□ ことにしました。

4 将来の夢のために、□□□□□ ことにしました。

5 天気が良いので、□□□□□ ことにしました。

6 □□□□□ ので、□□□□□ ことにしました。

나만의
노트

예습이나 수업 중에 나온 단어를 적어보고, 다시 한번 복습해 보자.

韓国語	日本語	韓国語	日本語	韓国語	日本語

> 수업에 들어가기 전에 하는 예습으로 자신의 아이디어를 일본어로 써보자. 다음 주제로 다양한 질문을 생각해서 이야기해 보자.

● 留学するなら〇〇に行きたい。

例 日本以外で留学したい国はどこですか？そこで何を勉強したいですか？

● 〇〇は良い／良くないという噂を聞きました。

例 噂で、良い／良くないと聞いたものは何ですか？あなたは他人の噂話が好きですか？

● 運命、信じる VS 信じない

例 運命を信じますか？信じませんか？あなたが「運命だ」と感じた経験は？

● 私が受けたカルチャーショック

例 海外旅行に行ったときに、どんなカルチャーショックを受けましたか？ちがう世代の人と話していて受けたカルチャーショックは？

● 私が目にした大自然

例 旅行しているときに実際に見た大自然は？インターネットや本などで見て、実際に行って見てみたいと思った大自然は？

● 未知の世界、〇〇にチャレンジしたい。

例 あなたが新しくチャレンジしてみたいと思う分野は？

서로 이야기하면서 아래 문형 표현에 맞게 문장을 만들어보자.

[동사 사전형] + ことになる　＝　～することが決まる

맛보기　両親の勧めで留学することになりました。

1　私たちは５年間交際して、＿＿＿＿＿＿ことになりました。

2　今までの実績が認められて、＿＿＿＿＿＿ことになりました。

3　子どもたちが大きくなったので、＿＿＿＿＿＿ことになりました。

4　父の転勤が決まり、＿＿＿＿＿＿ことになりました。

5　＿＿＿＿＿＿ので、＿＿＿＿＿＿ことになりました。

나만의 노트

예습이나 수업 중에 나온 단어를 적어보고, 다시 한번 복습해 보자.

韓国語	日本語	韓国語	日本語	韓国語	日本語

Track 48

수업에 들어가기 전에 하는 예습으로 자신의 아이디어를 일본어로 써보자. 다음 주제로 다양한 질문을 생각해서 이야기해 보자.

● 動物に生まれ変わるなら○○になりたい。

例 もし動物に生まれ変わるなら何になりたいですか？生まれ変わりたくないと思う動物は？

● 頭の中が真っ白になってしまった経験

例 びっくりして頭の中が真っ白になってしまった経験は？緊張して頭の中が真っ白になってしまった経験は？

● 風邪について

例 風邪の引き始めだと感じたら、どうしますか？普段からしている風邪の予防策は？風邪を早く治すためにすることは？

● ○○には、がっかりしました。

例 あなたが最近がっかりしたことは？あなたが誰かをがっかりさせてしまったことは？

● 同窓会について

例 あなたの同窓会の思い出は？同窓会で昔の友達に久しぶりに会って驚いたことは？昔の友達に自慢したいことは？

● 小さい子ども、好き vs 嫌い

例 小さい子どもは好きですか？あなたの家族や親戚には小さい子どもがいますか？子どもたちと遊んであげる時、何をしますか？

서로 이야기하면서 아래 문형 표현에 맞게 문장을 만들어보자.

💙 [　A　] によって、 [　B　] がちがう

Ⓐ, Ⓑ = 명사

맛보기 風邪の症状によって、飲む薬がちがう。

1 国によって [　　　] がちがう。

2 人によって [　　　] がちがう。

3 会社によって [　　　] がちがう。

4 世代によって [　　　] がちがう。

5 家庭によって [　　　] がちがう。

6 [　　　] によって [　　　] がちがう。

나만의 노트

예습이나 수업 중에 나온 단어를 적어보고, 다시 한번 복습해 보자.

韓国語	日本語	韓国語	日本語	韓国語	日本語

Track 49

수업에 들어가기 전에 하는 예습으로 자신의 아이디어를 일본어로 써보자. 다음 주제로 다양한 질문을 생각해서 이야기해 보자.

● **寝起きについて**

例 寝起きが良い方ですか？悪い方ですか？朝、目を覚ますために、何をしますか？

● **ラブレターについて**

例 あなたがラブレターを書いた／もらった経験は？もらって嬉しいと思うのはどんなラブレターですか？

● **大人と子どもの境界線**

例 人間はいつから大人になると思いますか？あなたは自分が大人だと思いますか？子どもだと思いますか？

● **自分がラッキーだと思った経験**

例 自分がラッキーだと思った経験は？あなたは周りの人と比べてラッキーな人間だと思いますか？

● **都会暮らし vs 田舎暮らし**

例 都会と田舎、住みたいのはどちらですか？それぞれの良い点／悪い点は？老後はどちらに住む方が良いと思いますか？

● **自分の性格、几帳面 vs ずぼら**

例 あなたは几帳面なタイプですか？ずぼらなタイプですか？どちらの性格の方が良いと思いますか？

서로 이야기하면서 아래 문형 표현에 맞게 문장을 만들어보자.

♡ [　A　] 一方（で） [　B　]

= AとBを対比する表現

A = [명사] である ／ [い형용사] ～い

[な형용사] である ／ [동사] 보통형

맛보기 都会は人が多くてうるさい一方、田舎は人が少なくて寂しい。

1 夏は [　　　　　] 一方、冬は [　　　　　]。

2 独身生活は [　　　　　] 一方、結婚生活は [　　　　　]。

3 私は、昼は [　　　　　] 一方、夜は [　　　　　]。

4 男は [　　　　　] 一方、女は [　　　　　]。

5 大人は [　　　　　] 一方、子どもは [　　　　　]。

6 [　　　　　] 一方、 [　　　　　]。

나만의 노트

예습이나 수업 중에 나온 단어를 적어보고, 다시 한번 복습해 보자.

韓国語	日本語	韓国語	日本語	韓国語	日本語

Day 50

수업에 들어가기 전에 하는 예습으로 자신의 아이디어를 일본어로 써보자. 다음 주제로 다양한 질문을 생각해서 이야기해 보자.

● 「さすが○○」と思った経験

例 さすがだと思う人は誰ですか？あなたが最近感心したことは？

● 結婚式について

例 印象に残っている結婚式は？どんな結婚式をしたいですか？どんな結婚式をしましたか？

● 負けず嫌い vs 負けるが勝ち

例 あなたはどちらの考え方ですか？あなたが「これだけは負けたくない」と思うことは何ですか？

● 冷や汗をかいてしまった経験

例 あなたが今までに冷や汗をかいてしまった経験は？

● ○○はもう二度とやりたくない。

例 あなたがもう二度とやりたくないと思うことは何ですか？

● 私の宝物

例 あなたの宝物は何ですか？それがあなたにとって宝物だと言える理由は何ですか？

서로 이야기하면서 아래 문형 표현에 맞게 문장을 만들어보자.

💙 〜つもりだ　　※自分で決めた未来のこと

[동사] 사전형 ・ ない형

맛보기　海外で結婚式を挙げるつもりだ。

1 今年／来年の夏は [＿＿＿＿＿＿] つもりです。

2 定年退職したら、[＿＿＿＿＿＿] つもりです。

3 つぎ彼にあったら、[＿＿＿＿＿＿] つもりです。

4 日本に行ったら、[＿＿＿＿＿＿] つもりです。

5 [＿＿＿＿＿＿] たら、[＿＿＿＿＿＿] つもりです。

예습이나 수업 중에 나온 단어를 적어보고, 다시 한번 복습해 보자.

韓国語	日本語	韓国語	日本語	韓国語	日本語

서로 이야기하면서 바른 일본어 또는 자연스러운
일본어로 고쳐보자.

1 何年生ですか？ ―― 81年生です。

→ ____

2 韓国文化と日本文化では、どんなちがさがあると思いますか？

→ ____

3 ケータイのアラームが鳴きました。

→ ____

4 風邪に引いてしまいました。

→ ____

5 がんばって勉強したので、試験で点数がよく出ました。

→ ____

6 ラーメン屋の前で人たちが並んでいます。

→ ____

7 免税店で名品を買いました。

→ ____

8 試験の日程を間違って知っていました。

→ ____

9 寿司を二人分注文しました。

→ ____

10 実力が不足して、合格できませんでした。

→ ____

Day 51

우리들만의 수다방 수업에 들어가기 전에 하는 예습으로 자신의 아이디어를 일본어로 써보자. 다음 주제로 다양한 질문을 생각해서 이야기해 보자.

- **無料（むりょう）で○○をもらいました。**

  例 あなたが無料でもらったものは何ですか？なぜそれが無料でしたか？

- **話す vs 聞く**

  例 あなたは話し上手ですか？聞き上手ですか？どちらのタイプの方が人気（にんき）があると思いますか？

- **旅行（りょこう）するなら、国内（こくない） vs 海外（かいがい）**

  例 国内旅行と海外旅行、どちらに行きたいですか？それぞれの良い点／悪い点は？

- **○○を借（か）りたけど、まだ返（かえ）していません。**

  例 知り合いに借りたけど、まだ返していない物はありますか？どうして今まで返せていないんですか？

- **私の記念日（きねんび）**

  例 あなただけの特別（とくべつ）な記念日は？あなたは記念日を大切（たいせつ）にする方ですか？

- **現在（げんざい）の自分（じぶん） vs 過去（かこ）の自分**

  例 10年前／20年前のあなたと今のあなたは、性格（せいかく）や趣味（しゅみ）にどんなちがいがありますか？

서로 이야기하면서 아래 문형 표현에 맞게 문장을 만들어보자.

💙 [동사 사전형] ＋ んじゃなかった

　＝　～しなければよかった　　　　※後悔の気持ちを表す

맛보기 こんなに世話をするのが大変ならペットを飼（か）うんじゃなかった。

1　両親（りょうしん）に対（たい）して ［　　　　　　］んじゃなかったと、後になって後悔（こうかい）した。

2　あんな嫌な人とは ［　　　　　　］んじゃなかったよ。

3　学生時代 ［　　　　　　］んじゃなかったと、今になって後悔している。

4　美味（お）しいからといって、［　　　　　　］んじゃなかった。

5　安いからといって、［　　　　　　］んじゃなかった。

6　［　　　　　　］んじゃなかった。

나만의 노트

예습이나 수업 중에 나온 단어를 적어보고, 다시 한번 복습해 보자.

韓国語	日本語	韓国語	日本語	韓国語	日本語

수업에 들어가기 전에 하는 예습으로 자신의 아이디어를 일본어로 써보자. 다음 주제로 다양한 질문을 생각해서 이야기해 보자.

○○を親に反対されたら

例 自分のしたい仕事を親に反対されたら？行きたい学校を親に反対されたら？結婚相手を親に反対されたら？

こんな兄弟／姉妹がいればいいのに

例 あなたはどんな兄弟／姉妹が欲しかったですか？あなたにはどんな兄弟／姉妹がいますか？

仕事、楽しさ vs 給料の高さ

例 仕事を選ぶとき、楽しさで選びますか？給料の高さで選びますか？今あなたがしている仕事は、どちらを重視して選びましたか？

自分の家 vs 友達の家

例 招待するのと招待されるのは、どちらがいいですか？それぞれの良い点／悪い点は？友達を招待するなら、どんな準備をしますか？

魔法が使えたら○○がしたい。

例 もし魔法が使えたら、何をしたいですか？

○○は絶対にしたくない。

例 あなたが絶対にしたくないことは何ですか？それをしなきゃいけない状況になったら、どうしますか？

서로 이야기하면서 아래 문형 표현에 맞게 문장을 만들어보자.

〜方がましだ　＝　両方ともよくないけど、どちらかというと〜の
方がいい

[い형용사] 〜い ／ [な형용사] 〜な

맛보기 給料が高くてもつまらない仕事をさせられるなら、安い給料でも自分が
やりたい仕事をした方がましだ。

1 あきらめるより、[　　　　　　　　]方がましだ。

2 [　　　　　　　]なら、死んだ方がましだ。

3 [　　　　　　　]なら、逃げた方がましだ。

4 両方とも食べたくないけど、[　　　　　　]より、[　　　　　　]方が
ましだ。

5 あの人とデートするくらいなら、[　　　　　　]方がましだ。

6 [　　　　　　]より、[　　　　　　]方がましだ。

나만의 노트

예습이나 수업 중에 나온 단어를 적어보고, 다시 한번 복습해 보자.

韓国語	日本語	韓国語	日本語	韓国語	日本語

Day **53**

수업에 들어가기 전에 하는 예습으로 자신의 아이디어를 일본어로
써보자. 다음 주제로 다양한 질문을 생각해서 이야기해 보자.

多くの短い恋愛 VS 一度の長い恋愛

例 あなたはどちらの方がいいと思いますか？実際のあなたの恋愛経験はどちらの
タイプですか？

海 VS 山

例 遊びに行くならどちらがいいですか？海の近くと山の近く、どちらに住みたいで
すか？

自分の性格、社交的 VS 人見知り

例 あなたはどちらのタイプですか？あなたは初めて会った人とどんな話をしますか？

宝くじについて

例 宝くじで億万長者になったらどうしますか？宝くじで大金持ちになるのは嫌だと
いう人もいますが、なぜだと思いますか？

同性でこういう人は嫌いです。

例 同性で友達になりたくないのはどんなタイプの人ですか？異性に人気があり同性
に嫌われる人はどんな人ですか？

小さい子どもの英語教育について

例 小さい子どもが英語を勉強することに賛成ですか？反対ですか？自分の子どもに
は何歳から英語を勉強させたいですか？

서로 이야기하면서 아래 문형 표현에 맞게 문장을 만들어보자.

〜せいで ＝ 〜が原因で ※悪い結果が起きる

[명사] 〜の ／ [い형용사] 〜い

[な형용사] 〜な・である ／ [동사] 보통형

맛보기 宝くじで大金を手に入れたせいで、働く意欲がなくなってしまった。

1 ☐☐☐☐☐ せいで、☐☐☐☐☐ に行けなかった。

2 ☐☐☐☐☐ せいで、彼氏／彼女にふられてしまった。

3 ☐☐☐☐☐ せいで、遅刻しました。

4 失敗を ☐☐☐☐☐ せいにした。

5 ☐☐☐☐☐ せいで、試験の結果が悪かったんだと思います。

6 ☐☐☐☐☐ せいで、☐☐☐☐☐ 。

나만의 노트

예습이나 수업 중에 나온 단어를 적어보고, 다시 한번 복습해 보자.

韓国語	日本語	韓国語	日本語	韓国語	日本語

Day 54

수업에 들어가기 전에 하는 예습으로 자신의 아이디어를 일본어로 써보자. 다음 주제로 다양한 질문을 생각해서 이야기해 보자.

● **新婚旅行について**

例 どこに行きたいですか／行きましたか？新婚旅行から帰ってすぐ離婚する夫婦も

いるそうですが、どんな理由で離婚すると思いますか？

● **服装について**

例 好きな異性の服装は？服装に関していつも気をつけていることは？

● **○○歳の頃に戻りたい。**

例 戻れるなら何歳のときに戻りたいですか？その歳に戻ったら、一番したいことは

何ですか？

● **ついても良い嘘もある、Yes or No**

例 ついても良い嘘もあると思いますか？あなたが仕方なくついてしまった嘘は？

● **別れた彼氏／彼女とよりを戻す可能性、ある VS ない**

例 一度別れた彼氏／彼女とまた付き合う可能性はあると思いますか？

● **自分がかわいそうだと思った経験**

例 自分がかわいそうだと思うのはどんなときですか？

서로 이야기하면서 아래 문형 표현에 맞게 문장을 만들어보자.

[동사て형] ＋ ばかりいる　＝　いつも／ずっと〜している

맛보기 新婚旅行中にケンカしてばかりいて、帰ってすぐ離婚した。

1 日曜日は、　　　　　　　　ばかりいて、時間を無駄にしてしまった。

2 彼は不真面目なので、会社にいる時も　　　　　　　　ばかりいる。

3 いくら好きだといっても、　　　　　　　　ばかりいてはいけない。

4 若い頃は、　　　　　　　　ばかりいました。

5 インターネットで　　　　　　　　ばかりいます。

6 　　　　　　　　ばかりいます。

나만의 노트

예습이나 수업 중에 나온 단어를 적어보고, 다시 한번 복습해 보자.

韓国語	日本語	韓国語	日本語	韓国語	日本語

● 今までに経験した偶然

例 今までにどんな偶然を経験しましたか？昔の友達に偶然街で会った経験は？

● 「私ってすごい」と思った経験

例 我ながらがんばったと思うことは？自分自身を褒めてあげたいことは何ですか？

● 年上 vs 年下

例 年上と年下、一緒にいて気が楽なのはどちらですか？年上と一緒にいる時と年下と一緒にいる時、それぞれ気を使うことは？

● すごく腹が立った経験

例 あなたは何に対して怒りましたか？すごく怒ったら、あなたはどうなりますか？

● 我が家のルール

例 あなたの家族にはどんなルールがありますか？将来あなたが家族を持ったら、どんなルールを作りたいですか？

● 離婚について

例 離婚する夫婦が増えていますが、なぜだと思いますか？離婚すると周囲にどんな影響があると思いますか？

서로 이야기하면서 아래 문형 표현에 맞게 문장을 만들어보자.

[동사 사전형] + しかない　＝　残っている最後の手段は〜だ

맛보기 地下鉄もバスも終わってしまった。タクシーをつかまえるしかない。

1 明日が試験なのに、全然勉強していない。もう ☐ しかない。

2 彼女は何を言っても理解してくれない。もう ☐ しかない。

3 友達の大切なものを壊してしまった。もう ☐ しかない。

4 このままでは遅刻してしまう。こうなったら、☐ しかない。

5 いろんなダイエットを試してみたが効果がない。もう ☐ しかない。

6 ☐ 。☐ しかない。

나만의 노트

예습이나 수업 중에 나온 단어를 적어보고, 다시 한번 복습해 보자.

韓国語	日本語	韓国語	日本語	韓国語	日本語

서로 이야기하면서 바른 일본어 또는 자연스러운
일본어로 고쳐보자.

1 うちは通禁があるから、遅くまで遊べません。

→ ____

2 日本人の友達を付き合いたいです。

→ ____

3 引越しするから、転学しなければいけません。

→ ____

4 月曜日から金曜日まで会社に通います。

→ ____

5 明日何時に会う？ ── 3時もいいし、4時もいいですよ。

→ ____

6 先週買った本は、全部はないけど、ほとんど読み終わりました。

→ ____

7 また来週。 ── よい週末。

→ ____

8 水をやらなかったので、花が死にました。

→ ____

9 面接で自分の長点と短点を聞かれました。

→ ____

10 考えだけしても腹が立ちます。

→ ____

수업에 들어가기 전에 하는 예습으로 자신의 아이디어를 일본어로 써보자. 다음 주제로 다양한 질문을 생각해서 이야기해 보자.

嫌いな食べ物、食べる VS 食べない

例 嫌いな食べ物は食べますか？食べませんか？自分の子どもの食べ物の好き嫌いが激しかったら、親としてどうしますか？

道でお金を拾ったら、警察に届ける VS 自分のものにする

例 お金を拾ったら、どうしますか？今までに拾ったことがある金額は？いくらまでならもらっても良いと思いますか？

タイムマシンに乗って、未来へ VS 過去へ

例 タイムマシンがあったら未来に行ってみたいですか？過去に行ってみたいですか？そこで何が見たいですか？

好きな異性のしぐさ

例 異性のどんなしぐさに惹かれますか？異性にして欲しくない行動は？

卒業式について

例 小学校・中学校・高校・大学で思い出に残っている卒業式は？あなたの国では卒業式に何をしますか？

「自分は運が悪い」と思った経験

例 あなたの運が悪いと思った経験は？あなたの周りに、運が悪い人はいますか？

서로 이야기하면서 아래 문형 표현에 맞게 문장을 만들어보자.

💙 [동사ます형] + ながら　＝　同時に〜する

맛보기 たばこを吸いながら歩いていたら、警察に罰金を取られた。

1 ☐ながらご飯を食べていたら、行儀が悪いと注意された。

2 ☐ながら運転していたので、☐。

3 ☐ながら勉強していたら、☐。

4 彼の特技は☐ながら☐することです。

5 道を歩きながら☐ていたら、☐。

6 ☐ながら☐。

나만의 노트 예습이나 수업 중에 나온 단어를 적어보고, 다시 한번 복습해 보자.

韓国語	日本語	韓国語	日本語	韓国語	日本語

Day 57

수업에 들어가기 전에 하는 예습으로 자신의 아이디어를 일본어로 써보자. 다음 주제로 다양한 질문을 생각해서 이야기해 보자.

修学旅行について

例 学生時代、修学旅行でどこに行きましたか？どんな思い出がありますか？

友達とケンカしてしまった経験

例 ケンカしたら、自分から謝るタイプですか？謝られるのを待ちますか？仲直りした後は、どんな関係になりますか？

プライド、持つことが大切 vs 捨てることが大切

例 あなたは何に関してプライドを持っていますか？プライドを捨てた方がいいと思うときはどんな時ですか？

車について

例 どんな車に乗りたいですか？車の便利な点／不便な点は？車を運転する時に性格が変わる人がいますが、あなたはどうですか？

嫌なこと、すぐ忘れる vs 根に持つ

例 嫌なことはすぐに忘れられますか？それともいつまでも忘れられませんか？嫌なことを忘れるためにどんなことをしますか？

子どもの頃大人に、早くなりたかった vs なりたくなかった

例 子どもの頃、早く大人になりたいと思っていましたか？どんな大人になりたいと思っていましたか？大人は大変そうだと感じたことは？

서로 이야기하면서 아래 문형 표현에 맞게 문장을 만들어보자.

♡ [동사ます형] + きる　＝　最後まで〜し終わる

맛보기 あんなプライドの高い人とは、付き合いきれない。

1 この店は [____________] すぎて、[____________] きれない。

2 マラソン大会に参加したとき、[____________] せいで、[____________]
きれなくて、すごく悔しい思いをした。

3 秘密を [____________] きれなくて、友達に [____________] 。

4 この小説は [____________] すぎて、[____________] きれない。

5 [____________] は、あきらめないで最後まで [____________] きることが
大切だ。

6 [____________] きりました。

나만의 노트

예습이나 수업 중에 나온 단어를 적어보고, 다시 한번 복습해 보자.

韓国語	日本語	韓国語	日本語	韓国語	日本語

수업에 들어가기 전에 하는 예습으로 자신의 아이디어를 일본어로 써보자. 다음 주제로 다양한 질문을 생각해서 이야기해 보자.

一目惚れ VS 段々好きになる

例 人を好きになるとき、あなたはどちらのタイプですか？一目惚れしたら、その相手に対してどのように行動しますか？

流行について

例 あなたは流行に敏感なタイプですか？子どもの頃、流行したものは？

子育てについて

例 子育てで一番大切だと思うことは？ あなたが子どもの頃、両親をどんなことで困らせましたか？子育てをして大変だったことは？

私の癖

例 あなたがついしてしまう行動は？自分の癖の中で直したいものは？

プレゼント、相手が欲しがるもの VS 自分があげたいもの

例 プレゼントを選ぶとき、気にすることは？プレゼントをあげる前に、相手に何が欲しいか聞きますか？自分があげたいものをあげますか？

嫌いな人との関わり方

例 あなたは嫌いな人とでも話が出来ますか？嫌いな人に誘われたら、どうやって断りますか？

서로 이야기하면서 아래 문형 표현에 맞게 문장을 만들어보자.

💙 ～わけがない　＝　～する可能性はない

[명사] ～の・である ／ [い형용사] ～い

[な형용사] ～な・である ／ [동사] 보통형

맛보기 こんなプレゼントで彼女が満足するわけがない。

1 昨日はあんなに元気だったんだよ。　　　　　　　　わけがない。

2 全然勉強していないんだから、　　　　　　　　わけがない。

3 彼は　　　　　　　　をすごく楽しみにしていたんだから、

　　　　　　　　わけがない。

4 彼女は昨日から旅行に行っているはずだよ。　　　　　　　　わけがない。

5 ちゃんと鍵をかけたんだから、　　　　　　　　わけがない。

6 　　　　　　　　から、　　　　　　　　わけがない。

예습이나 수업 중에 나온 단어를 적어보고, 다시 한번 복습해 보자.

韓国語	日本語	韓国語	日本語	韓国語	日本語

수업에 들어가기 전에 하는 예습으로 자신의 아이디어를 일본어로 써보자. 다음 주제로 다양한 질문을 생각해서 이야기해 보자.

学生結婚について

例 学生結婚に賛成ですか？反対ですか？あなたの周りで学生結婚したカップルはいますか？学生結婚の良い点／悪い点は？

幽霊、信じる vs 信じない

例 幽霊の存在を信じますか？信じませんか？あなたは幽霊を見たことがありますか？

父 vs 母

例 悩みを相談できるのはどちらですか？あなたが子どもの頃恐かったのはどちらですか？それぞれの好きなところ／嫌いなところは？

他人には理解してもらえないこと

例 あなたの考え方／趣味などで、他人に理解してもらえないものは？逆に他人の考え方／趣味などであなたが理解できないものは？

主夫について

例 女性が外で働いて男性が家で家事や子育てをすることについてどう思いますか？あなたの周りに主夫はいますか？

第一印象について

例 あなたは人にどんな第一印象を与えると言われますか？第一印象を良くするためにはどうすればいいと思いますか？

서로 이야기하면서 아래 문형 표현에 맞게 문장을 만들어보자.

まるで〜(か)のようだ　＝　本当は〜じゃないけど〜のふりをする

[명사] 직접 접속・〜である ／ [い형용사] 〜い

[な형용사] 〜な・である ／ [동사] 보통형

맛보기 彼はまるで自分が幽霊を見たかのように話している。

1 彼はまるで［　　　　　　　］かのような口調で話す。

2 彼女はまるで［　　　　　　　］かのように振舞う。

3 2人の関係はまるで［　　　　　　　］かのようだ。

4 あの人はまるで［　　　　　　　］かのように食べる。

5 嬉しくてたまらなくて、まるで子どものように［　　　　　　　］。

6 ［　　　　　　　］は、まるで［　　　　　　　］かのように［　　　　　　　］。

나만의 노트

예습이나 수업 중에 나온 단어를 적어보고, 다시 한번 복습해 보자.

韓国語	日本語	韓国語	日本語	韓国語	日本語

수업에 들어가기 전에 하는 예습으로 자신의 아이디어를 일본어로 써보자. 다음 주제로 다양한 질문을 생각해서 이야기해 보자.

● 男が女の鞄を持ってあげることについて

例 彼氏が鞄を持ってくれたら、うれしいですか？彼女の鞄を持ってあげたいと思いますか？

● 老後について

例 老後、どこでどんな生活がしたいですか？老後のために今していることは？老後のために若いうちにしておいた方がいいと思うことは？

● 頼れる先輩 vs 可愛がられる後輩

例 あなたはどちらのタイプですか？どちらのタイプになりたいですか？あなたの周りに頼れる先輩／可愛がられている後輩はいますか？

● 休みの日の過ごし方について

例 休日は何をして過ごしますか？どんなことをして過ごすのが有意義だと思いますか？

● 社内恋愛について

例 社内恋愛の良い点／悪い点は？もし社内恋愛していたら、周りの人に言いますか？秘密にしますか？

● 捨てられずにとってある思い出の物

例 捨てられない思い出の物は？それを見ると、どんなことを思い出しますか？

서로 이야기하면서 아래 문형 표현에 맞게 문장을 만들어보자.

💙 (たとえ) [동사 의지형] ＋ と　＝　もし〜でも

※まだ起きていないことを述べる

맛보기 たとえ歳をとろうと、チャレンジ精神を忘れてはいけない。

1 たとえ明日雨が降ろうと、〔　　　　　　　　〕。

2 たとえ両親が反対しようと、〔　　　　　　　　〕。

3 たとえ失敗しようと、〔　　　　　　　　〕。

4 たとえ〔　　　　　　　　〕と、私の気持ちは絶対に変わらない。

5 たとえ〔　　　　　　　　〕と、あの人のことは許せない。

6 たとえ〔　　　　　　　　〕と、〔　　　　　　　　〕。

나만의 노트

예습이나 수업 중에 나온 단어를 적어보고, 다시 한번 복습해 보자.

韓国語	日本語	韓国語	日本語	韓国語	日本語

어디가 틀린거지? 서로 이야기하면서 바른 일본어 또는 자연스러운
일본어로 고쳐보자.

1　10年ぶりに初恋（はつこい）に会いました。

→ ____

2　彼女は涙（なみだ）が多いです。

→ ____

3　スポーツ得意（とくい）そうですね。 ―― え、そんなに見えますか？

→ ____

4　このお酒（さけ）は果物（くだもの）の味（あじ）が出ます。

→ ____

5　パソコンで動映像（どうえいぞう）を見ています。

→ ____

6　大学生ですか？じゃないと社会人（しゃかいじん）ですか？

→ ____

7　銀行（ぎんこう）で現金（げんきん）を探（さが）しました。

→ ____

8　駅（えき）に行き方（かた）が分かりません。

→ ____

9　彼はクラスで一番人気（にんき）が多（おお）いです。

→ ____

10　昨日（きのう）のサッカーの試合（しあい）は無勝負（むしょうぶ）でした。

→ ____

p202

p222

p233

Day 01
p.8

- 어린아이가 휴대전화를 가지는 것, 찬성 VS 반대
  - 예 자신의 아이에게는 몇 살 정도부터 휴대전화를 갖게 하고 싶습니까?
    어린아이가 휴대전화를 가지는 것의 장점/단점은?

- 지하철 VS 버스
  - 예 어느 쪽이 더 편리하다고 생각합니까?
    어느 쪽을 주로 이용합니까?
    각각의 편리한 점/불편한 점은?

- 부모님께 고마움을 느낀 경험
  - 예 부모님께 감사 인사를 전하고 싶은 일은 무엇입니까?
    감사한 마음을 부모님께 어떻게 전합니까?

- 야근이 많고 월급이 많은 회사 VS 야근이 없고 월급이 적은 회사
  - 예 어느 쪽 회사에 취업하고 싶습니까?
    지금 다니는 회사는 둘 중 어떤 타입입니까?

- 나의 양면성
  - 예 학교에서의 자신과 집에서의 자신은 어떻게 다릅니까?
    친한 친구와 함께 있을 때는 어떤 모습입니까?

- 피곤할 때 ○○으로 피로 회복
  - 예 피로 회복에 도움이 되는 것은?

Day 02
p.11

- 이웃과의 관계에 대해
  - 예 당신은 이웃과 잘 지내고 있습니까?
    이웃과 좋은 관계를 유지할 필요가 있다고 생각합니까?
    이웃과의 관계에서 어떤 어려움이 있습니까?

- 결혼 후 가정의 돈 관리, 남편 VS 아내
  - 예 결혼을 하면 돈 관리는 본인이 하고 싶습니까?
    아니면 해 주길 원합니까?
    또, 맞벌이인 경우에는 어떻게 하겠습니까?

- 남자친구/여자친구를 부모님께 소개하는 시기
  - 예 남자친구/여자친구를 언제쯤 소개하는 것이 좋다고 생각합니까?
    결혼할 상대가 아니더라도 친밀한 사이가 되면 남자친구/여자친구를 부모님께 소개합니까?

- 커플룩, 가능 VS 불가능
  - 예 남자친구/여자친구에게 커플룩을 입자는 부탁을 받는다면?
    주변에서 커플룩을 입은 사람을 보면 어떤 생각이 듭니까?

- 문자 메시지 VS 전화
  - 예 어느 쪽이 더 편하다고 생각합니까?
    짧은 용건일 때는 어느 쪽이 더 편리하다고 생각합니까?

- 유명한 사람이 되고 싶다 VS 되고 싶지 않다
  - 예 어떤 일로 유명해지고 싶습니까?
    유명한 사람을 부럽다고 생각해 본 적은?
    유명한 사람이 되면 어떤 점이 힘들 것 같습니까?

Day 03
p.14

- 일본에서 ○○을 했습니다/○○을 하고 싶습니다.
  - 예 일본의 어디에 가서 무엇을 했습니까?
    실제로 일본에 가서 놀란 점은?

- 재능 VS 노력
  - 예 재능과 노력 중 어느 쪽이 더 중요하다고 생각합니까?
    스스로에게 재능이 있다고 생각하는 것은 무엇입니까?
    지금 노력하고 있는 것은?

- 스마트폰 없는 생활, 할 수 있다 VS 할 수 없다
  - 예 스마트폰이 없어도 생활할 수 있다고 생각합니까?
    스마트폰이 번거롭다고 느낄 때는 어떤 때입니까?

- 기뻤던 서비스
  - 예 지금까지 받은 서비스 중에서 기뻤던 것은?
    서비스가 안 좋다고 느낀 순간은 어떤 때였습니까?

- 주다 VS 받다
  - 예 주는 것과 받는 것 중 어느 쪽을 더 좋아합니까?
    최근에 받은 선물 중에서 기뻤던 것은?

- 남자친구/여자친구에게 하루에 하는 전화 횟수
  - 예 남자친구/여자친구가 하루에 몇 번이나 전화를 해 준다면 기쁘겠습니까? 싫겠습니까?

Day 10 p.36

- 수험과 관련된 추억
  - 예 수험생 시절에 어느정도 공부했습니까?
    힘들었던 일/즐거웠던 일은?
    한국의 입시 전쟁에 대해 어떻게 생각합니까?

- 인생, 안정 VS 모험
  - 예 안정적인 인생과 모험적인 인생 중 어느 쪽이 더 좋습니까?
    당신은 지금 인생은 어떤 타입입니까?

- 친구는 본인과 성격이나 취미가 비슷한 사람 VS 비슷하지 않은 사람
  - 예 어떤 타입의 친구가 더 좋다고 생각합니까?
    실제로 당신의 친구들은 어떤 타입이 많습니까?

- 남자친구/여자친구에게 애교(응석)를 부리고 싶다 VS 받고 싶다
  - 예 당신은 남자친구/여자친구에게 애교(응석)를 부리고 싶습니까? 응석을 받고 싶습니까?
    남자가 여자에게 애교(응석)를 부리는 것에 대해서는 어떻게 생각합니까?

- 주변의 따가운 시선을 느낀 경험
  - 예 실수를 해서 창피했던 경험은?

- 개 VS 고양이
  - 예 개와 고양이 중 키운다면 어느 쪽이 좋습니까?
    각각 키운다면 어떤 즐거움/고생이 있을 거라고 생각합니까?

Day 11 p.40

- 내 방에서 자랑하고 싶은 점
  - 예 당신의 방에서 자랑하고 싶은 점은 무엇입니까?

- 전철 안에서 본 이상한 사람
  - 예 전철 안에서 이상한 사람을 본 적이 있습니까?
    매너가 나쁜 사람이 있어서 화가 났던 경험은?

- 맛있는 음식 VS 몸에 좋은 음식
  - 예 맛있는 음식과 몸에 좋은 음식 중에 어떤 것을 선택합니까?
    음식을 고를 때 어떤 점에 주의합니까?

- 이런 불친절한 가게가 있었어요.
  - 예 점원이 불친절해서 화가 났던 경험은?

- 힘들 때 상담 상대, 부모 VS 친구
  - 예 힘들거나 곤란할 때 어느 쪽에 상담하는 편입니까?
    부모님께는 어떤 상담을 합니까?
    친구에게는 어떤 상담을 합니까?

- 헤어진 남자친구/여자친구와 연락, 한다 VS 하지 않는다
  - 예 헤어진 남자친구/여자친구와 연락합니까?
    '보고 싶다'는 말을 들으면 어떻게 하시겠습니까?

Day 12 p.43

- 여행을 한다면 맛집 탐방 VS 명소 순례
  - 예 당신의 여행 목적은? 지금 계획 중인 여행은?

- 내가 가지고 있는 자격증/면허
  - 예 당신이 어떤 자격증/면허를 가지고 있습니까?
    앞으로 따고 싶은 자격증/면허는?

- 장수, 하고 싶다 VS 하고 싶지 않다
  - 예 몇 살 정도까지 살고 싶습니까?
    장수하는 것을 그다지 원하지 않는 사람도 있습니다만, 왜 그렇다고 생각합니까?

- 건강을 위해 하고 있는 것/하지 않는 것
  - 예 건강을 위해 어떤 것을 신경 쓰고 있습니까?

- 짜증날 때 ○○로 스트레스 해소
  - 예 당신의 스트레스 해소법은?
    최근 어떤 일 때문에 스트레스를 받았습니까?

- 절친이라고 부를 수 있는 사람의 수
  - 예 당신에게는 절친이 몇 명 있습니까?
    친구와 절친의 차이점은 무엇이라고 생각합니까?

Day 16　　　　　　　　　　　　p.56

- ○○을 정말 저렴하게 구매했습니다.
  - 예 당신이 정말 싸게 구매했던 물건은 무엇입니까?
    어디에서 샀습니까?

- 이런 클레임을 걸었습니다/받았습니다.
  - 예 당신이 가게 같은 곳에서 클레임을 걸었던 경험은?
    일을 하다가 클레임을 받았던 경험은?

- ○○를 졸업한 뒤 ○○을 했습니다.
  - 예 대학교 졸업 후, 무엇을 했습니까?
    대학교에 진학하는 것과 직업전문학교로 진학하는 것 중 어느 쪽이 더 좋다고 생각합니까?

- 통금에 대해서
  - 예 학생 때 통금 시간은 몇 시까지 였습니까?
    지금도 통금이 있습니까?
    자녀에게는 몇시까지 귀가하라고 말하겠습니까?

- 혼자 살기 VS 친구와 룸 셰어
  - 예 각각의 좋은 점/나쁜 점은?
    유학 간 곳에서 룸 셰어를 한다면, 친구와 하는 것이 좋습니까? 모르는 사람과 하는 것이 좋습니까?

- 취업 활동에 대해서
  - 예 취업 활동을 할 때 힘들었던 점은?
    취업 활동은 어떤 부분이 어려울 것 같습니까?

Day 17　　　　　　　　　　　　p.59

- 저는 ○○치입니다. (예: 길치, 몸치, 기계치 등)
  - 예 당신은 어떤 것을 잘 못하거나 서툽니까?
    그것 때문에 곤란했던 경험은?

- 공부를 해야하는 이유를 아이가 질문하면?
  - 예 당신은 아이에게 어떻게 설명하겠습니까?
    당신은 언제부터 '공부를 해야겠다'고 생각했습니까?

- 친구에게 돈을 빌려준다 VS 빌려주지 않는다.
  - 예 친구가 돈을 빌려달라고 부탁하면 빌려주겠습니까?
    얼마까지 빌려주겠습니까?
    아주 친한 친구라면 어떻습니까?

- 외국어 공부에 대해
  - 예 앞으로 공부해 보고 싶은 외국어는?
    일본어 외에 지금 공부하고 있는 외국어는?
    왜 외국어를 공부하고 있습니까?

- 나의 특기
  - 예 당신의 특기는?
    예전에는 특기였지만 지금은 할 수 없게 된 것은?

- 결혼 후의 가사 분담에 대해
  - 예 당신은 결혼 후에 가사를 분담하겠습니까?
    남편과 아내가 어떻게 분담하는 것이 좋다고 생각합니까?

Day 18　　　　　　　　　　　　p.62

- 반려동물에 대해
  - 예 키우고 있는 반려동물은?
    어렸을 때 키웠던 반려동물은?
    만약 키울 수 있다면 키워 보고 싶은 반려동물은?

- 나만의 징크스
  - 예 일상에서 나만의 징크스는?
    예전부터 전해 내려오는 징크스는?

- 들어서 기뻤던 한마디
  - 예 친구들에게 들었던 말 중에 기뻤던 말은?
    선생님께 들었던 말 중에 기뻤던 말은?

- 인생의 전환점, ○○로 인해 인생이 바뀌었습니다.
  - 예 내 인생의 전환점이라고 생각하는 시기는 언제입니까?
    내가 지금까지 내렸던 큰 결단은?

- ○○때문에 좌절했습니다.
  - 예 당신이 좌절한 경험은?
    더 이상은 무리라고 생각했을 때 포기하는 타입입니까? 마지막까지 노력하는 타입입니까?

- 스포츠, 보는 것 VS 하는 것
  - 예 스포츠는 직접 하는 쪽을 좋아힙니까? TV나 경기장에서 보는 쪽을 좋아합니까?
    당신이 좋아하는 스포츠는?

요즘 초등학생들을 보면서 어떤 점을 느꼈습니까?

나는 원래 ○○한 사람입니다.
- 예 당신이 어릴 때부터 지금까지 변함없이 가지고 있는 성격은?
  어릴 때부터 자신 있었던 것은?

술자리에서 좋아하는 사람/싫어하는 사람이 옆에 앉으면
- 예 싫어하는 사람과도 즐겁게 대화할 수 있습니까?
  친하게 지내고 싶은 사람에게는 어떻게 다가가는 편입니까?

나의 ○○한 점이 싫어요.
- 예 당신의 성격 중에서 고쳐야 한다고 생각하는 부분은?

이런 타입의 사람과는 친구가 될 수 없습니다.
- 예 당신은 어떤 성격의 사람과는 친구가 되기 힘들다고 생각합니까?
  친구가 되기 쉽다고 생각하는 성격은?

예전엔 싫었지만 지금은 좋아진 것/예전에는 좋아했지만 지금은 싫어진 것
- 예 그것은 어떤 계기로 좋아하게/싫어하게 되었습니까?
  어른이 되고 나서 먹을 수 있게 된 음식은?

Day 23　　p.78

점이나 운세, 믿는다 VS 믿지 않는다
- 예 당신이 믿는 점이나 운세는?
  점으로 자신의 미래를 결정하는 사람들도 있는데, 당신은 어떻게 생각합니까?

이렇게 뻔뻔한 사람이 있었습니다.
- 예 길에서 본 뻔뻔한 사람은?
  자신이 했던 행동 중에 '조금 뻔뻔했다'고 반성하고 있는 일은?

○○라면 돈을 써도 아깝지 않다.
- 예 당신은 어떤 것에 돈을 씁니까?
  식비에 많은 돈을 쓰는 것에 대해서 어떻게 생각합니까?

아이는 남자아이 VS 여자아이
- 예 귀엽다고 생각하는 것은 어느 쪽입니까?
  둘 다 원하는 경우, 어느 쪽이 먼저 태어나면 좋겠다고 생각합니까?

첫 데이트에 대해
- 예 (첫 데이트에서) 가장 조심해야 한다고 생각하는 것은?
  처음 데이트를 했을 때의 추억은?

이런 선물을 받고 기뻤다.
- 예 지금까지 받고 기뻤던 선물은?
  그것은 지금도 소중하게 사용하고 있습니까?

Day 24　　p.81

외모 VS 내면
- 예 남자친구/여자친구를 선택할 때 중요한 것은?

학창 시절 ○○을 잘 못했어요.
- 예 학창 시절 자신 없었던 과목은?
  자신 없는 과목도 열심히 공부했습니까?

술버릇에 대해
- 예 당신은 술을 마시면 어떻게 됩니까?
  남들에게 피해를 준다고 생각하는 술버릇은?

나도 모르게 허세를 부렸던 경험
- 예 당신이 허세를 부렸던 경험은?

○○을 빌려 줬는데 아직 못 받았어요.
- 예 친구에게 빌려 준 물건 중 아직 돌려받지 못한 것은?

'연예 상대=결혼 상대'인지?
- 예 연애 상대와 결혼 상대는 동일하다고 생각합니까?
  어떤 타입의 사람이 연애/결혼하기에 좋다고 생각합니까?

Day 25　　p.84

내숭을 떠는 것에 대해
- 예 당신의 주변에 내숭을 떠는 사람이 있습니까?
  내숭을 떨 필요가 있다고 생각합니까?

- 헤어스타일에 대해
  - 예 옛날에는 어떤 헤어스타일을 했습니까?
    해보고 싶은 헤어스타일은?

- 남녀의 우정은 성립한다 VS 성립하지 않는다
  - 예 남녀 사이의 우정은 성립한다고 생각합니까?
    이성인 친한 친구가 있습니까?

- 해외에 살고 있는 지인에 대해
  - 예 그 지인은 어느 나라에 살고 있습니까?
    그 사람과 자주 연락을 하고 있습니까?
    놀러 갔던 경험은?

- 이런 부모가 되고 싶다.
  - 예 나중에 어떤 부모가 되고 싶다고 생각합니까?/생
    각했었습니까?
    아이는 엄하게 키우고 싶습니까? 자유롭게 키우
    고 싶습니까?

- 음악이나 영화 무료 다운로드에 대해
  - 예 불법 사이트도 있는데 당신은 이용합니까?
    사회적으로 어떤 문제가 일어날 것이라고 생각합
    니까?

Day 26

p.88

- 어린아이가 인터넷을 하는 것, 찬성 VS 반대
  - 예 아이가 인터넷을 이용하는 것에 대해 어떤 장점/
    단점이 있다고 생각합니까?

- '정말 많이 변했구나'라고 느낀 사람/물건
  - 예 오랜만에 만났더니 변해 버렸던 친구가 있습니까?
    어릴 적 살던 마을은 지금 어떻게 변했습니까?

- 여름 휴가(방학) 계획/추억에 대해
  - 예 다음 여름 휴가(방학)에 하고 싶은 일은?
    어릴 때 여름 방학을 어떻게 보냈습니까?

- 슬럼프에 대해
  - 예 슬럼프를 겪었던 경험은?
    슬럼프가 왔을 때 어떻게 슬럼프에서 탈출했습니
    까?

- 10년 후/20년 후에 대해
  - 예 당신은 어떤 모습이 되어있을 거라고 생각합니
    까?

세상은 어떻게 변해 있을 것이라고 예상하십니
까?

- ○○는 너무 어려워서 못했어요.
  - 예 너무 어려워서 좌절한 일은?
    그 일에 언젠가 다시 도전해 보고 싶다고 생각합
    니까?

Day 27

p.91

- '나이가 들었구나'하고 느끼는 순간
  - 예 어떨 때 나이가 들었다고 느낍니까?
    나이를 먹는 것은 좋은 일이라고 생각합니까? 나
    쁜 일이라고 생각합니까?

- ○○을 잘하게 되었습니다/못하게 되었습니다.
  - 예 당신이 '잘하게 되었다'고 느끼는 것은?
    반대로 예전에는 잘했지만, 지금은 서툴러진 일
    은?

- 재활용에 대해
  - 예 버리지 않고 재활용하는 것이 좋다고 생각하는
    물건은?
    당신은 재활용하고 있는 것이 있습니까?

- 이런 구두쇠가 있었습니다.
  - 예 당신의 주변에 구두쇠인 사람이 있습니까?
    구두쇠와 절약의 차이는 무엇이라고 생각합니까?

- ○○를 끊을 수 없어요.
  - 예 나쁘다는 것은 알면서도 하고 마는 것은?
    건강에는 해롭지만 계속 하게 되는 것은?

- ○○가 나만의 유행
  - 예 당신이 지금 빠져 있는 것은 무엇입니까?
    당신은 유행에 민감한 타입입니까? 둔감한 타입
    입니까?

Day 28

p.94

- 결혼하면 여자의 성씨가 바뀌는 것에 대해
  - 예 만약 자신의 성씨가 바뀐다면 어떨 것 같습니까?
    일본에서도 최근 부부가 각자의 성씨를 유지하는
    것이 화제입니다만, 당신은 찬성합니까? 반대합
    니까?

- 여행하기 가장 적당한 인원수
  - 예 몇 명이서 여행하는 것이 가장 좋다고 생각합니까?
    혼자서 여행해 본 경험은?

- TV를 많이 보면 바보가 된다 Yes or No
  - 예 하루에 TV를 얼마나 봅니까?
    오랫동안 TV를 보면 머리가 나빠진다고 말하는 사람들도 있는데, 당신은 어떻게 생각합니까?

- 만약 월급이 똑같다면, 정규직 VS 자유롭게 일하는 비정규직
  - 예 당신은 어느 쪽을 선택하겠습니까?
    각각의 좋은 점/나쁜 점은?

- 먹기 위해 산다 VS 살기 위해 먹는다
  - 예 당신은 어느 쪽의 사고방식을 갖고 있습니까?

- 만약 갑자기 회사에서 해고당한다면/학교에서 퇴학당한다면
  - 예 당신은 무엇을 하겠습니까?

Day 29 p.97

- 나의 삶을 즐겁게 하기 위해 ○○을 하고 있습니다.
  - 예 어떤 생활이 즐거운 삶이라고 생각합니까?
    삶을 즐겁게 하기 위해 당신이 하고 있는 것은?

- 자신의 장점/단점
  - 예 당신의 장점/단점을 물어보면, 어떻게 대답합니까?
    자신의 단점을 고치기 위해서 무엇을 하고 있습니까?

- 남편이 주도하는 집 VS 아내가 주도하는 집
  - 예 어느 쪽이 좋다고 생각합니까?
    당신은 결혼 후에 당신은 어떤 타입의 부부가 될 것 같습니까?
    부모님은 어떤 타입의 부부입니까?

- 학창 시절 열심히 한 일
  - 예 학창 시절에 열심히 했던 일은 무엇입니까?
    학창 시절에 열심히 했던 일은 지금도 도움이 되고 있습니까?

- 한달 정도의 장기 휴가가 생긴다면 ○○을 할 거예요.
  - 예 한달 정도의 장기 휴가를 낼 수 있다면, 무엇을 하면서 보내고 싶습니까?

- 이런 치사한 사람이 있었어요.
  - 예 당신 주변에는 어떤 치사한 사람이 있습니까?
    어떤 사람을 '치사하다'고 생각합니까?

Day 30 p.100

- 더치페이 VS 한턱내기
  - 예 어느 정도 금액까지라면 한턱내겠습니까?
    당신은 데이트할 때 더치페이를 합니까? 아니면 어느 한 사람이 전부 지불합니까?

- 당신의 고집
  - 예 당신만의 기준이나 고집하는 것은 무엇입니까?
    쇼핑을 할 때 특정 가게나 브랜드를 고집하는 편입니까?

- 금연 방법
  - 예 금연하고 싶어하는 사람에게 추천하고 싶은 금연 방법은?
    현재 담배를 피우는 분이라면 지금까지 금연을 시도해 본 적이 있습니까?

- 사소하지만 나만 신경 쓰이는 것
  - 예 다른 사람들은 신경 쓰지 않는데, 당신은 신경 쓰이는 것은?

- 당신 주변의 겉과 속이 다른 사람
  - 예 당신 주변에도 성격이 겉과 속이 다른 사람이 있습니까?
    겉과 속이 다른 사람에 대해 어떻게 생각합니까?

- 크게 당황했던 경험
  - 예 크게 당황했던 경험은?
    당황스러운 상황에서도 당신은 침착하게 행동할 수 있습니까?

Day 31 p.104

- 시험공부, 벼락치기 VS 계획적
  - 예 학창 시절, 시험공부는 얼마나 전부터 시작했습니까?
    벼락치기해도 괜찮다고 생각하는 과목은?

- 어릴 적 ○○에 푹 빠져 지냈어요.
  - 예 당신이 초등학생 시절에 푹 빠졌던 것은?
    중학생, 고등학생 때는?

- 용돈에 대해서
  - 예 어렸을 때 용돈을 얼마나 받았습니까?
    자녀에게는 용돈을 얼마 정도 주는 것이 좋다고
    생각합니까?

- 나의 성격, 낙관적 VS 비관적
  - 예 당신의 성격은 어느 쪽이라고 생각합니까?
    어떤 부분에 대해서 낙관적/비관적입니까?

- 국제결혼. 찬성 VS 반대
  - 예 국제결혼의 좋은 점/나쁜 점은?
    국제결혼을 하면 힘들 것 같다고 생각하는 점은?
    부모님은 찬성해 주실 것이라고 생각합니까?

- 만약 다시 태어난다면 남자 VS 여자
  - 예 만약 다시 태어난다면 어느 쪽이 되고 싶습니까?
    남자의 삶과 여자의 삶은 어떤 차이가 있다고 생
    각합니까?

- ○○을 동경하고 있습니다.
  - 예 어렸을 때 당신이 동경했던 사람/대상은?
    지금 당신이 동경하고 있는 사람/대상은?

- 이상과 현실의 차이를 느낀 경험
  - 예 살면서 '현실이 참 냉정하다'고 느꼈던 적은?
    할 수 있을 것 같았는데, 예상외로 어려웠던 일
    은?
    재미있을 것 같았는데, 재미없었던 일은?

- 남자친구/여자친구/결혼상대로 이성에게 인기가 많
  은 사람 VS 없는 사람
  - 예 상대를 고른다면, 어느 쪽이 더 좋은지?
    인기가 없는 사람이 좋다고 생각하는 사람들도
    있는데, 그 이유는 무엇이라고 생각합니까?
    실제로 당신의 상대는 어느 쪽?

- 외국인 남자친구/여자친구에 대해
  - 예 외국인과 연애 관계로 발전한 적이 있습니까?
    언어 문제는 없었습니까?
    외국인 연인이 있어서 좋았던 점/곤란했던 점은?

- 희망하는 자녀 수
  - 예 자녀를 가지고 싶습니까?
    낳는다면 몇 명 정도를 원합니까?
    그 이유는 무엇입니까?

- 지구 최후의 날, ○○을 하며 보낼 거예요.
  - 예 지구 최후의 날에 하고 싶은 것은?
    지구가 멸망하는 이유는 무엇일 것이라고 생각합
    니까?

- 지금에서야 후회하는 것
  - 예 어렸을 때 '해 두면 좋았을 텐데'하고 후회하고 있
    는 일은?
    나중에 후회하지 않기 위해 지금 하고 있는 것
    은?

- ○○을 하고 있을 때 가장 행복합니다.
  - 예 자신이 행복하다고 느끼는 순간은 언제입니까?
    행복할 것이라고 생각하는 사람은 어떤 사람입니
    까?

- 두 번 다시 가고 싶지 않은 장소
  - 예 두 번 다시 가고 싶지 않다고 생각한 식당은?
    다시는 여행가고 싶지 않다고 생각한 곳은?

- 집에 바퀴벌레가 나오면
  - 예 집에 바퀴벌레가 나오면 어떻게 하겠습니까?
    가족 중에서는 누가 벌레를 잡습니까?
    퇴치하는 방법은?

- 물건을 두고 오는 것에 대해
  - 예 물건을 두고 와서 곤란했던 경험은?
    물건을 두고 오지 않기 위해 어떤 예방법이 있습
    니까?

- 울었던 경험
  - 예 최근에 울었던 적은 언제입니까?
    슬퍼서 우는 일이 많습니까? 감동해서 우는 일이
    많습니까?

- ○○은 이제 그만두고 싶다.
  - 예 당신이 지금 하고 있는 것 중에서 '이제 그만두고

싶다'고 생각하는 것은?
그만두고 싶지만, 그만둘 수 없는 것은?

● 이런 선물을 받고 난처했다.
　예 지금까지 받은 선물 중에서 받고 나서 난처했던
　　것은?
　　필요 없는 선물을 받으면 어떻게 합니까?

● 뉴스를 본다면 신문 VS 인터넷
　예 뉴스를 볼 때 어떤 매체로 봅니까?
　　각각의 장점/단점은?

● 식생활에서 조심하고 있는 것
　예 건강을 위해 먹으려고 노력하는/먹지 않으려고
　　신경쓰고 있는 것은?
　　한밤중에 배가 고프면 먹는 편입니까? 참는 편입
　　니까?

● 속도위반 결혼에 대해
　예 당신은 속도위반 결혼에 대해 긍정적? 부정적?
　　만약 원하지 않는 임신을 하게 된다면/하게 만들
　　었다면 어떻게 하겠습니까?

● ○○때는 정말 긴장했어요.
　예 당신이 긴장했던 경험은?
　　당신은 긴장하면 어떻게 됩니까?

Day 35　　　　p.116

● ○○은 너무 시끄러워서 참을 수 없다.
　예 당신 주변의 시끄러운 사람은?
　　너무 시끄러워서 가고 싶지 않은 장소는?

● 명품에 대해서
　예 상품을 고를 때 브랜드명을 신경 씁니까?
　　고급스러운 명품을 갖는 것의 장점은?

● 저는 ○○한 아이였어요.
　예 당신은 어떤 아이였습니까?
　　부모님께 들은 당신의 어린 시절 에피소드는?

● 한 곳에 정착 VS 자주 이사 다니기
　예 어느 쪽이 좋다고 생각합니까?
　　이사해 본 경험은?
　　각각의 장점/단점은?

● 다투는 것에 대해서
　예 친구/부모님과 다툰 경험이 있습니까?
　　다툰 후에 먼저 사과합니까? 상대가 사과하기를
　　기다립니까?

● 나는 ○○에 대해 잘 압니다.
　예 당신이 다른 사람보다 잘 알고 있는 것은?
　　당신이 더 자세히 알고 싶다고 생각하는 것은?

Day 36　　　　p.120

● 선생님에 대해서
　예 지금까지 만난 선생님들 중에 기억에 남는 선생
　　님은?
　　선생님께 칭찬받은/혼난 경험은?

● ○○을 잃어버렸어요.
　예 지금까지 어딘가에서 잃어버린 물건은?
　　절대로 잃어버리고 싶지 않은 물건은?

● 인도어파 VS 아웃도어파
　예 당신은 어떤 타입입니까?
　　휴일을 보내는 방법은?

● 화가 난 경험
　예 최근에 화가 났던 일은 무엇입니까?
　　당신은 화가 나면 어떻게 됩니까?

● 다른 사람의 안 좋은 점, 본인에게 말한다 VS 말하
　지 않는다
　예 당신은 어느 쪽입니까?
　　주변 사람들이 당신의 좋지 않은 점을 직접 지적
　　해주는 편이 좋습니까? 직접 말하지 않는 편이
　　좋습니까?

● UFO/외계인, 믿는다 VS 안 믿는다
　예 당신은 어느 쪽입니까?
　　UFO나 외계인에 관한 이야기를 들은 적이 있습
　　니까?

Day 37　　　　p.123

● 오랜만에 ○○을 했습니다.
　예 한동안 안 하다가 오랜만에 한 일이 있습니까?
　　오랜만에 해 보니 어땠습니까?

- 사람은 언제부터 아저씨/아줌마가 되는가?
    - 예 사람은 언제부터 아저씨/아줌마가 된다고 생각합니까?
      스스로가 아저씨/아줌마 같은 행동을 했다고 느꼈던 경험은?

- ○○은 우리나라가 세계 제일입니다!
    - 예 우리나라가 세계 제일이라고 생각하는 것은 무엇입니까?
      다른 나라 사람들에게 자랑스럽게 내세울 수 있는 것은 무엇입니까?

- 무서웠던 경험
    - 예 당신은 어떤 무서운 체험을 한 적이 있습니까?
      당신이 들어본 무서운 이야기는?

- 싫어하는 사람에게서 받은 것은 사용한다 VS 사용하지 않는다
    - 예 싫어하는 사람에게서 받은 물건은 사용하겠습니까? 사용하지 않겠습니까?

- 다른 사람의 행복/불행에 대해
    - 예 다른 사람의 행복을 함께 기뻐할 수 있습니까?
      다른 사람의 불행을 함께 슬퍼할 수 있습니까?

Day 38

p.126

- 내가 좋아하는 장소/추억의 장소
    - 예 어렸을 때 자주 놀았던 장소는?
      처음 데이트했던 추억의 장소는?

- 외식 VS 집밥
    - 예 식사한다면 어느 쪽이 좋습니까?
      당신은 혼자 외식하는 것을 부끄럽다고 생각합니까?

- 가정 VS 일
    - 예 어느 쪽을 더 우선시합니까?
      어렸을 때 당신의 부모님은 어느 쪽을 더 소중히 여기시는 것 같았습니까?

- 나는 ○○에 엄격하다/너그럽다.
    - 예 당신은 어떤 부분에 대해 엄격합니까/너그럽습니까?
      당신은 다른 사람에게 더 엄격한 타입입니까? 아니면 자신에게 더 엄격한 타입입니까?

- 내가 좋아하는/싫어하는 말
    - 예 당신이 좋아하는/싫어하는 말은?
      그 말은 누가 한 말입니까?

- ○○에게 사과하고 싶다.
    - 예 당신이 지금 사과하고 싶다고 생각하는 일은?
      누구에게 사과하고 싶습니까?

Day 39

p.129

- 중매결혼에 대해
    - 예 맞선을 본 적이 있습니까?
      중매결혼과 연애결혼 어느 쪽이 좋다고 생각합니까?

- 일은 혼자서 한다 VS 다 함께 한다
    - 예 당신이 지금 하는 일은 어느 타입입니까?
      각각의 장점/단점은?

- 시간이 가는게 빠르다/느리다고 느낀 경험
    - 예 어떤 일을 할 때 시간이 가는게 빠르다/느리다고 느낍니까?
      작년 한 해는 짧았다고 느꼈습니까? 길었다고 느꼈습니까?

- 결혼 후 일을 계속한다 VS 그만둔다
    - 예 결혼하면 일을 계속하고 싶습니까? 그만두고 싶습니까?
      일을 계속하고 싶다면 그 이유는? 그만두고 싶다면 그 이유는?
      아이가 생기면?

- 패닉에 빠졌던 경험
    - 예 당신이 패닉에 빠진 경험은?
      패닉에 빠졌을 때 마음을 어떻게 진정시킵니까?

- 죽기 전에 꼭 한번 해 보고 싶은 것
    - 예 당신이 죽기 전에 한번쯤은 해보고 싶은 것은 무엇입니까?
      그것을 몇 살쯤에 해보고 싶습니까?

Day 40

p.132

- ○○하는 시간이 아깝다.
    - 예 시간이 아깝다고 느끼는 것은?
      반대로 아무리 시간을 들여도 아깝지 않다고 느끼는 것은?

● 좋아하는 것부터 VS 싫어하는 것부터
  예 음식을 먹을 때 어느 것부터 먹습니까?
  일을 할 때는 어느 것부터 합니까?

● 부모님과 닮은 점/다른 점
  예 부모님과 닮은 점/닮지 않은 점은 어떤 부분입니까?

● 옛날 사람이 부럽다고 느껴지는 점
  예 할아버지/할머니의 옛날 이야기를 듣고, 부럽다고 생각한 점은?
  100년 전이나 1000년 전 사람들을 부럽다고 생각하는 점은?

● 나이가 많은 후배가 반말을 쓰면 화를 낸다 VS 이해하고 넘어간다
  예 나이가 많은 후배가 반말로 말을 걸면 화가 날 것 같습니까? 넘어가겠습니까?
  당신은 나이가 어린 선배와는 어떻게 지냅니까?

● 담배에 대해
  예 담배 때문에 피해를 입은 경험은?
  담배 가격이 얼마 이상이 되면 끊겠습니까?

Day 41 p.136

● 남자친구/여자친구와의 연락
  예 남자친구/여자친구에게 어느 정도 연락을 합니까?
  연락하는 빈도와 애정은 비례한다고 생각합니까?

● 1년 내내 여름 VS 1년 내내 겨울
  예 당신은 어디에서 살고 싶습니까?
  각각 어떤 점이 힘들거나 불편할 것 같습니까?

● 아파트 VS 단독주택
  예 나중에 어디에 살고 싶습니까?
  각각의 장점/단점은?

● 먹어 보지도 않고 싫어하는 것에 대해
  예 당신은 먹어 보지 않고 싫어하는 것이 있습니까?
  어렸을 때는 싫었지만 어른이 된 후에 좋아하게 된 음식이 있습니까?

● 처음으로 ○○한 경험
  예 처음 경험했을 때, 소감은 어땠습니까?

● 이런 민폐인 사람이 있었습니다.
  예 거리나 전철 안에서 민폐 행동을 하는 사람을 본 적이 있습니까?

Day 42 p.139

● ○○는 이제 싫증이 났어요.
  예 당신이 질려버린 것은 무엇입니까?

● ○○을 도둑맞았습니다.
  예 지금까지 살면서 도둑맞았던 물건은?
  당신의 집에 도둑이 들었던 적이 있습니까?

● 노력으로 자신의 성격을 바꿀 수 있다 VS 바꿀 수 없다
  예 노력하면 성격이 변할 수 있다고 생각합니까?
  당신 주변에 성격이 변했다고 생각되는 사람이 있습니까?

● ○○으로 졸음 해소
  예 졸릴 때 어떻게 졸음을 쫓습니까?
  당신이 금방 졸음을 느끼는 순간은 무엇을 하고 있을 때 입니까?

● 집에 혼자 있을 때 ○○을 하며 지냅니다.
  예 집에 혼자 있을 때 무엇을 하며 시간을 보냅니까?
  어렸을 때는 집에서 노는 것과 밖에서 노는 것 중 어느 쪽을 좋아했습니까?

● 학창 시절, 선생님 말씀 중에 인상 깊었던 것
  예 지금도 기억하고 있는 선생님의 말씀은?
  그 말이 당신에게 어떤 영향을 주었습니까?

Day 43 p.142

● ○○은 참을 수 없다.
  예 당신이 참기 힘들다고 느끼는 것은?
  어렸을 때 너무 견디기 힘들어서 그만둔 것은?

● 나는 ○○로부터 큰 영향을 받았어요.
  예 어린 시절 당신에게 가장 큰 영향을 준 것은 무엇입니까?
  어른이 되고 나서 무엇에 영향을 받았습니까?

● 결혼 전에 동거하는 것에 대해
　예 결혼 전에 동거하는 것에 대해 어떤 장점/단점이 있다고 생각합니까?
　　당신은 결혼 전에 약혼자와 동거하고 싶습니까?

● 이런 매너 없는 사람이 있었어요.
　예 당신이 길거리에서 본 매너가 없는 사람은 어떤 사람입니까?
　　당신이 하지 않도록 조심하고 있는 것은?

● 나의 자원봉사 경험
　예 당신의 자원봉사 경험은?
　　해 보고 싶다고 생각하는 자원봉사는?
　　자원봉사는 자신을 위해서 합니까? 상대방을 위해서 합니까?

● 유학을 간다면 ○○에 가고 싶어요.
　예 일본 외에 유학을 가고 싶은 나라는 어디입니까?
　　그 나라에서 무엇을 공부하고 싶습니까?

● ○○은 좋다/좋지 않다는 소문을 들었어요.
　예 소문으로 좋다/좋지 않다는 말을 들은 것은 무엇입니까?
　　당신은 남의 소문 이야기하기를 좋아합니까?

● 운명을 믿는다 VS 믿지 않는다
　예 운명을 믿습니까? 믿지 않습니까?
　　당신이 '운명이다'라고 느꼈던 경험은?

● 내가 받은 문화충격
　예 해외여행을 갔을 때 어떤 문화충격을 받았습니까?
　　다른 세대의 사람과 이야기하다가 받은 문화충격은?

● 내가 직접 본 대자연
　예 여행을 하다가 실제로 본 대자연은?
　　인터넷이나 책에서 보고 '실제로 가서 보고 싶다'고 생각했던 대자연은?

● 미지의 세계, ○○에 도전해 보고 싶다.
　예 당신이 새롭게 도전해 보고 싶다고 생각하는 분야는?

● 동물로 다시 태어난다면 ○○이 되고 싶다.
　예 만약 동물로 다시 태어난다면 무엇이 되고 싶습니까?
　　동물로 다시 태어난다면 이 동물은 되고 싶지 않다고 생각하는 것은?

● 머리 속이 새하얗게 되어 버린 경험
　예 깜짝 놀라서 머리 속이 하얘졌던 경험은?
　　너무 긴장해서 머리 속이 하얘졌던 경험은?

● 감기에 관해서
　예 감기가 오는 것 같다고 느꼈다면 어떻게 합니까?
　　평소에 감기 예방을 위해 하고 있는 것은?
　　감기를 빨리 낫게 하기 위해 하는 것은?

● ○○에는 실망했어요.
　예 당신이 최근에 실망했던 일은?
　　당신이 누군가를 실망시켰던 일은?

● 동창회에 대해
　예 동창회에 대한 추억은?
　　동창회에서 옛 친구를 오랜만에 만나서 놀랐던 적은?
　　옛 친구들에게 자랑하고 싶은 것은?

● 어린아이를 좋아한다 VS 싫어한다
　예 어린아이를 좋아합니까?
　　당신의 가족이나 친척 중에 어린아이가 있습니까?
　　아이들과 놀아줄 때 무엇을 합니까?

● 아침잠에 대해
　예 아침에 잘 일어나는 편입니까? 잘 못 일어나는 편입니까?
　　아침에 잠에서 깨기 위해 무엇을 합니까?

● 러브레터에 대해
　예 당신이 러브레터를 쓴/받은 경험은?
　　어떤 러브레터를 받으면 기쁠 것 같습니까?

● 어른과 아이의 경계선
　예 사람은 언제부터 어른이 된다고 생각합니까?

당신은 스스로를 어른이라고 생각합니까? 아이라고 생각합니까?

● 스스로가 운이 좋다고 느꼈던 경험
  예 스스로가 운이 좋다고 느꼈던 경험은?
  당신은 주변 사람과 비교했을 때 운이 좋은 사람이라고 생각합니까?

● 도시 생활 VS 시골 생활
  예 도시와 시골 중에 살고 싶은 곳은 어디입니까?
  각각의 장점/단점은?
  노후에는 어느 쪽에 사는 것이 좋다고 생각합니까?

● 자신의 성격은 꼼꼼한 편 VS 덜렁대는 편
  예 당신은 꼼꼼한 타입입니까? 덜렁대는 타입입니까?
  어떤 성격이 좋다고 생각합니까?

Day 50 p.164

● '역시 ○○!'라고 생각했던 경험
  예 '역시 ○○이다!'라고 생각한 사람은 누구입니까?
  당신이 최근에 감탄했던 일은?

● 결혼식에 대해
  예 인상적이었던 결혼식은?
  어떤 결혼식을 하고 싶습니까?
  어떤 결혼식을 했습니까?

● 무조건 이겨야 해 VS 지는 것이 이기는 것
  예 당신은 어느 쪽입니까?
  당신이 '이것만큼은 지고 싶지 않다'고 생각하는 것은 무엇입니까?

● 식은 땀을 흘렸던 경험
  예 당신이 지금까지 식은 땀을 흘렸던 경험은?

● ○○은 두 번 다시 하고 싶지 않다.
  예 당신이 두 번 다시 하고 싶지 않다고 생각하는 것은 무엇입니까?

● 나의 보물
  예 당신의 보물은 무엇입니까?
  그것이 당신에게 있어서 보물이라고 말할 수 있는 이유는 무엇입니까?

Day 51 p.168

● 무료로 ○○을 받았습니다.
  예 당신이 무료로 받은 것은 무엇입니까?
  왜 그것은 무료였습니까?

● 말을 하는 편 VS 듣는 편
  예 당신은 말을 많이 하는 편입니까? 말을 잘 들어주는 편입니까?
  어떤 타입이 사람들에게 더 인기가 있다고 생각합니까?

● 여행을 한다면 국내 VS 외국
  예 국내 여행과 해외여행 중에 어느 쪽을 가고 싶습니까?
  각각의 장점/단점은?

● ○○을 빌렸는데 아직 돌려주지 못했어요.
  예 지인에게 빌렸는데 아직 돌려주지 못한 것이 있습니까?
  왜 아직까지 돌려주지 못하고 있습니까?

● 나의 기념일
  예 당신만의 특별한 기념일은?
  당신은 기념일을 소중하게 여기는 편입니까?

● 현재의 나 VS 과거의 나
  예 10년 전/20년 전의 당신과 지금의 당신은 성격이나 취미 면에서 어떤 차이가 있습니까?

Day 52 p.171

● ○○을 부모님이 반대한다면
  예 당신이 하고 싶은 일을 부모님이 반대하면?
  가고 싶은 학교를 부모님이 반대하면?
  결혼 상대를 부모가 반대하면?

● 이런 형제/자매가 있으면 좋을 텐데
  예 당신은 어떤 형제/자매를 갖고 싶었습니까?
  당신에게는 어떤 형제/자매가 있습니까?

● 일, 즐거움 VS 높은 월급
  예 일을 선택할 때 즐거움을 기준으로 선택합니까?
  높은 월급을 기준으로 선택합니까?
  지금 당신이 하고 있는 일은 어느 쪽을 더 중시하여 선택했습니까?

● 내 집 VS 친구 집
  예 초대하는 것과 초대받는 것 중 어느 쪽이 좋습니까?
  각각의 장점/단점은?
  친구를 초대한다면 어떤 준비를 합니까?

● 마법을 쓸 수 있다면 ○○을 하고 싶다.
  예 만약 마법을 쓸 수 있다면 무엇을 하고 싶습니까?

● ○○은 절대 하고 싶지 않다.
  예 당신이 절대 하고 싶지 않은 일은 무엇입니까?
  그 일을 꼭 해야만 하는 상황이 되면 어떻게 하겠습니까?

Day 53

p.174

● 짧은 연애를 많이 하기 VS 한번의 긴 연애하기
  예 당신은 어느 쪽이 더 좋다고 생각합니까?
  실제 당신의 연애 경험은 어떤 타입입니까?

● 바다 VS 산
  예 놀러 간다면 어느 쪽이 좋습니까?
  바다 근처와 산 근처 중에 어느 곳에 더 살고 싶습니까?

● 나의 성격, 사교적인 편 VS 낯가림이 심한 편
  예 당신은 어떤 타입입니까?
  당신은 처음 만난 사람과는 어떤 이야기를 나눕니까?

● 복권에 대해
  예 복권에 당첨되어 억만장자가 된다면 무엇을 하겠습니까?
  복권으로 큰 부자가 되는 것을 싫어하는 사람도 있는데, 그 이유는 무엇이라고 생각합니까?

● 동성으로 이런 사람은 싫습니다.
  예 동성 친구로 사귀고 싶지 않은 사람은 어떤 타입의 사람입니까?
  이성에게는 인기가 많지만 동성에게는 미움을 받는 사람은 어떤 사람입니까?

● 어린아이의 영어 교육에 대해
  예 어린아이가 영어를 공부하는 것에 찬성합니까? 반대합니까?

자녀에게는 몇 살부터 영어를 공부시키고 싶습니까?

Day 54

p.177

● 신혼여행에 대해
  예 어디로 가고 싶습니까?/갔었습니까?
  신혼 여행에서 돌아오자마자 이혼하는 부부도 있다고 하는데, 어떤 이유로 이혼한다고 생각합니까?

● 옷차림에 대해
  예 좋아하는 이성의 옷차림은?
  옷차림에 대해서 신경 쓰고 있는 점은?

● ○○살로 돌아가고 싶다.
  예 만약 되돌아갈 수 있다면 몇 살 때로 돌아가고 싶습니까?
  그 나이로 돌아간다면 가장 하고 싶은 것은 무엇입니까?

● 해도 좋은 거짓말도 있다 Yes or No
  예 해도 좋은 거짓말도 있다고 생각합니까?
  당신이 어쩔 수 없이 했던 거짓말은?

● 헤어진 남자친구/여자친구와 재결합할 가능성이 있다 VS 없다
  예 한번 헤어진 남자친구/여자친구와 다시 사귈 가능성이 있다고 생각합니까?

● 스스로가 불쌍하다고 느꼈던 경험
  예 스스로가 불쌍하다고 느끼는 순간은 언제입니까?

Day 55

p.180

● 지금까지 경험한 우연
  예 지금까지 어떤 우연한 일을 경험했습니까?
  옛 친구를 길에서 우연히 만난 경험은?

● '나는 정말 대단해'라고 생각했던 경험
  예 스스로 생각해도 '정말 열심히 했다'고 생각한 일은?
  자신을 칭찬해 주고 싶은 일이 있다면 무엇입니까?

● 유행에 대해
　예 당신은 유행에 민감한 타입입니까?
　　 어릴 때 유행했던 것은?

● 육아에 대해
　예 육아에서 가장 중요하다고 생각하는 것은?
　　 당신이 어렸을 때 어떤 일로 부모님을 곤란하게
　　 했었습니까?
　　 육아하면서 힘들었던 점은?

● 나의 버릇
　예 당신이 무심코 하게 되는 행동은?
　　 자신의 버릇 중에서 고치고 싶은 것은?

● 선물, 상대방이 원하는 것 VS 내가 주고 싶은 것
　예 선물을 고를 때 신경쓰는 것은?
　　 선물을 주기 전에 상대방에게 무엇을 갖고 싶은
　　 지 묻습니까? 본인이 주고 싶은 것을 줍니까?

● 싫어하는 사람과의 관계 맺는 법
　예 싫어하는 사람과도 대화를 나눌 수 있습니까?
　　 싫어하는 사람에게 무언가를 제안받으면 어떻게
　　 거절합니까?

Day 59　　　p.193

● 학생이 결혼하는 것에 대해
　예 학생이 결혼하는 것에 찬성합니까? 반대합니까?
　　 당신 주변에 학생일 때 결혼한 커플이 있습니까?
　　 학생일 때 결혼하는 것의 장점/단점은?

● 유령, 믿는다 VS 믿지 않는다
　예 유령의 존재를 믿습니까? 믿지 않습니까?
　　 당신은 유령을 본 적이 있습니까?

● 아버지 VS 어머니
　예 고민을 상담할 수 있는 분은 어느 쪽입니까?
　　 당신이 어렸을 때 무서웠던 분은 어느 쪽입니까?
　　 각각 좋아하는 점/싫어하는 점은?

● 다른 사람들이 이해해 주지 않는 것
　예 당신의 사고방식/취미 중에서 다른 사람들이 이
　　 해해 주지 않는 것은?
　　 반대로 다른 사람의 사고방식/취미 중에서 당신
　　 이 이해할 수 없는 것은?

● 남성 전업주부에 대해
　예 여성이 밖에서 일하고 남성이 집에서 가사나 육
　　 아를 하는 것에 대해 어떻게 생각합니까?
　　 당신 주변에 남성 전업주부가 있습니까?

● 첫인상에 대해
　예 사람들은 당신의 첫인상이 어떻다고 말합니까?
　　 첫인상을 좋게 하려면 어떻게 해야 한다고 생각
　　 합니까?

Day 60　　　p.196

● 남자가 여자의 가방을 들어주는 것에 대해
　예 남자친구가 가방을 들어주면 기쁩니까?
　　 여자친구의 가방을 들어주고 싶다고 생각합니까?

● 노후에 대해
　예 노후에 어디에서 어떤 생활을 하고 싶습니까?
　　 노후를 위해 지금 하고 있는 일은?
　　 노후를 위해 젊었을 때 해 두면 좋겠다고 생각하
　　 는 일은?

● 의지할 수 있는 선배 VS 귀여움 받는 후배
　예 당신은 어떤 타입입니까?
　　 어떤 타입이 되고 싶습니까?
　　 당신 주변에 의지할 수 있는 선배/귀여움을 받고
　　 있는 후배가 있습니까?

● 휴일을 보내는 방법에 대해
　예 휴일에는 무엇을 하면서 보냅니까?
　　 무엇을 하며 시간을 보내는 것이 의미 있다고 생
　　 각합니까?

● 사내 연애에 대해
　예 사내 연애의 장점/단점은?
　　 만약 사내 연애를 하게 된다면 주변 사람들에게
　　 말하겠습니까? 비밀로 하겠습니까?

● 버리지 못하고 간직하고 있는 추억의 물건
　예 버리지 못하는 추억의 물건은?
　　 그것을 보면 어떤 추억이 떠오릅니까?

Day 01
p.9

💙 A라고 해서 B인 것은 아니다
= A여도 B가 아닌 경우가 있다

맛보기

야근을 했다고 해서, 월급이 오르는 것은 아니다

1 일본인/일본이라고 해서 ☐ 것은 아니다.
2 한국인/한국이라고 해서 ☐ 것은 아니다.
3 새롭다/오래되었다고 해서 ☐ 것은 아니다.
4 ☐라고 해서 재미있는 것은 아니다.
5 ☐라고 해서 행복한 것은 아니다.
6 ☐라고 해서 ☐ 것은 아니다.

Day 02
p.12

💙 ~없이 = ~가 없는 상태에서

맛보기

시의 허가 없이 대형 쓰레기를 버렸다

1 하루 종일 쉬는 시간 없이 ☐.
2 인간은 ☐없이 살아갈 수는 없다.
3 최근에는 계절과 관계없이 ☐.
4 ☐없이 성공하는 것은 무리라고 생각한다.
5 상사의 허가 없이 ☐ 때문에, 혼나고 말았다.
6 ☐없이 ☐.

Day 03
p.15

💙 A라고 하기보다 (오히려) B
= A이기도 하고 B이기도 하지만 어느 쪽인가
하면 B

맛보기

고등학생인데도 아르바이트라고 하기보다 오히려 사원
처럼 매일 일하고 있다.

1 일본어 공부는 나에게 있어서 ☐라고 하기보다
오히려 ☐.
2 나의 어머니는 ☐라고 하기 보다 오히려 ☐.
3 술은 ☐라고 하기 보다 오히려 ☐.
4 ○○씨는 ☐라고 하기 보다 오히려 ☐.
5 ☐는 ☐라고 하기 보다 오히려 ☐.

Day 04
p.18

💙 ~대로 = ~와 동일하게

맛보기

전단지에 쓰여 있는 지도대로 걸어봤지만, 가게까지 도
착할 수 없었다.

1 리더의 지시대로 ☐.
2 책에서 읽었던 대로 일본인은 ☐.
3 내가 생각했던 대로 ☐.
4 평판대로 ☐.
5 ☐대로, ☐해서, 짜증이 났다.
6 ☐대로, ☐.

Day 05
p.21

💙 ~대신에

맛보기

국제전화는 전화 요금이 비싸서 전화하는 대신 인터넷
으로 채팅을 합니다.

1 '당신을 좋아해요'라는 말 대신에 ☐.
2 시간이 없어서 밥 대신에 ☐.
3 유학을 하고 싶지만 돈이 없어서 유학 가는 대신에
☐.
4 술을 한 방울도 못 마셔서 술 대신에 ☐.
5 다이어트 하고 싶지만 운동은 하고 싶지 않아서 운
동 대신에 ☐.
6 ☐ 대신에 ☐.

Day 06
p.25

💙 ~할 뻔 했다 = ~할 것 같이 되었다
※나쁜 일이 일어날 뻔했지만 일어나지 않은
것을 나타낸다

맛보기

드라마를 보고 울어버릴 뻔했다.

1 옆에서 갑자기 차가 튀어 나와서 ☐ 뻔했다.
2 내일 시험이 있는 것을 잊고 있어서 ☐ 뻔했다.
3 조금만 더 늦었더라면 ☐ 뻔했다.
4 ☐해서, 학교에 지각할 뻔했다.

5 [   ]해서, 회사에서 짤릴 뻔했다.

6 [   ]해서, [   ] 뻔 했다.

♡ A라고 하면 B
※A = 테마　B = 대표

맛보기

학창 시절의 추억이라고 하면 동아리 활동을 열심히 한 것이다.

1 일본이라고 하면 [   ].

2 한국이라고 하면 [   ].

3 설날이라고 하면 [   ].

4 봄/여름/가을/겨울이라고 하면 [   ].

5 [   ]라고 하면 [   ].

♡ ~로서
※입장을 나타낸다

맛보기

수학여행을 갔을 때, 리더로서 친구들을 모으는 역할을 했습니다.

1 나는 [   ]로서 일본에 왔습니다.

2 [   ]는 [   ]로서 여기서 일하고 있습니다.

3 나는 학생으로서 [   ].

4 부모로서 아이에게는 [   ]해야 합니다.

5 [   ]는 [   ]로서 [   ].

♡ A 에 있어서 B
※A = 목적　B = 평가

맛보기

체벌은 아이를 교육하는데 있어서 필요하다고 생각합니까?

1 친구는 [   ]에 있어서 없어서는 안되는 존재이다.

2 인터넷은 [   ]에 있어서 [   ].

3 [   ]은 외국어 공부를 하는데 있어서 없어서는 안된다.

4 돈은 [   ]에 있어서 [   ].

5 스마트폰은 [   ]에 있어서 [   ].

6 [   ]는 [   ]에 있어서 [   ].

맛보기

역 계단에서 넘어졌는데, 주변 사람들이 다 쳐다봐서 부끄러웠다.

1 잘못한 일은 아무것도 하지 않았는데 [   ]에게 [   ]하고 말았다.

2 성적이 올라서 [   ]에게 [   ] 받았다.

3 소중하게 여기던 물건을 [   ]에게 [   ]하고 말았다.

4 [   ]을 [   ]하면, 곧바로 경찰에 신고하는 편이 좋다.

5 [   ]을 [   ]해서, 그는 매우 화를 냈다.

6 [   ]되었습니다.

맛보기

그는 어른이 되었는데도 자기 방 청소를 어머니께 시키고 있다.

1 교육열이 높은 부모는 자녀에게 [   ]시킨다.

2 배가 고파서 [   ]에게 [   ]시켰다.

3 선생님은 화가 나서, [   ]에게 [   ]시켰습니다.

4 귀찮다고 해서 [   ]에게 [   ]게 해서는 안된다.

5 바빠서 손을 뗄 수가 없었기 때문에, [   ]에게 [   ]게 했습니다.

6 [   ]게 했습니다.

맛보기

패키지 여행 관광객은 여행 가이드에게 면세점 쇼핑을 강요받았습니다.

1 매일 숙제를 잊은 벌로 [   ].

2 데이트할 때, 여자친구에게 [   ].

3 쉬는 날인데도 ☐☐☐.

4 시험 점수가 나빠서 ☐☐☐.

5 회식 때 선배가 억지로 ☐☐☐.

6 ☐☐☐에게 ☐☐☐.

Day 13   p. 47

~해 보다
※시험삼아 ~해 보고, 그 결과를 본다

맛보기

옛날 이메일 주소로 메일을 보내 봤는데, 안 갔다.

1 한 번이라도 좋으니까 ☐☐☐해 보고 싶습니다.

2 농담으로 ☐☐☐해 보았더니, 상대방이 화를 내기 시작했다.

3 ☐☐☐해 보았더니, 잘 할 수 있었다.

4 ☐☐☐는 ☐☐☐해 보지 않으면 모른다.

5 ☐☐☐를 ☐☐☐해 봐도 될까요?

Day 14   p.50

~반면
※좋은 점과 나쁜 점이 있음을 나타낸다

맛보기

인터넷 쇼핑은 가게에 가지 않아도 되니까 편한 반면, 직접 상품을 볼 수 없어서 실패할 때도 많다.

1 그는 친구와 함께 있을 때는 ☐☐☐ 반면, 부모님 앞에서는 ☐☐☐.

2 그녀는 남자 앞에서는 ☐☐☐ 반면, 여자들끼리만 있을 때는 ☐☐☐.

3 저 사람은 부하 직원에 대해서는 ☐☐☐ 반면, 상사에 대해서는 ☐☐☐.

4 선생님은 학생들 앞에서는 ☐☐☐ 반면, 부인 앞에서는 ☐☐☐.

5 이 회사는 월급이 좋은 반면 ☐☐☐.

6 ☐☐☐는 ☐☐☐ 반면 ☐☐☐.

Day 15   p.53

~하고(는) ~
※두 가지 사항을 반복한다

맛보기

충동구매를 하고는 후회를 해서, 백화점에는 가지 않으려고 한다.

1 주말에는 약속이 없어서 ☐☐☐하고 ☐☐☐며, 계속 집에서 뒹굴뒹굴했다.

2 다이어트 중인데 ☐☐☐하고 ☐☐☐서, 전혀 살을 뺄 수가 없다.

3 시험이 다가오고 있는데 ☐☐☐하고 ☐☐☐서 공부에 전혀 집중이 안 된다.

4 일이 쌓여 있는데 ☐☐☐하고 ☐☐☐서 결국 아무것도 끝나지 않았다.

5 ☐☐☐하고 ☐☐☐서 시간 낭비를 했다.

6 ☐☐☐하고 ☐☐☐서 ☐☐☐.

Day 16   p.57

~만큼 = ~정도
※정도를 나타낸다

맛보기

해외여행을 갔더니 명품 가방이 깜짝 놀랄 만큼 저렴했다.

1 작년 여름은 ☐☐☐할 만큼 더웠다.

2 그 선생님 수업은 지루해서 ☐☐☐만큼 잠이 온다.

3 ☐☐☐할 때 눈물이 날 만큼 분했다.

4 ☐☐☐가, ☐☐☐만큼 싫다.

5 당신을 ☐☐☐만큼 좋아합니다.

6 ☐☐☐는 ☐☐☐만큼 ☐☐☐.

Day 17   p.60

~에 대해서 = ~을 상대로

맛보기

일본어가 아직 서툴렀을 때에는 일본인에게 나도 모르게 무례한 말을 한 적도 있다.

1 그 사람은 멋진 남자/귀여운 여자에 대해 ☐☐☐.

2 [____]은 싫은 사람에 대해 [____].
3 그 가게 점원은 손님에 대해 [____].
4 [____]은 처음보는 사람에 대해 [____].
5 [____]는 [____]에 대해 태도가 좋지 못하다.
6 [____]는 [____]에 대해 [____].

Day 18 p.63

♡ ～야 말로
※「～は」를 강조하는 표현

맛보기

좌절했을 때야 말로 새로운 자신을 발견할 기회다.

1 지난번에는 실패로 끝났지만, 이번에야말로 [____].
2 그 사람이야 말로, 우리 반의 [____]에 적합하다.
3 나야말로 [____].
4 [____]야 말로, 오랫동안 내가 꿈에 그리던 것입니다.
5 [____]야 말로, [____]에서 세계 최고의 국가이다.
6 [____]야 말로, [____]이다.

Day 19 p.66

♡ A 때문에 = ～가 원인으로

맛보기

연휴에 야행성 생활을 한 탓에 학교가 시작되고 아침형 생활로 다시 돌아가기가 힘들다.

1 슈퍼에서 돈이 부족했기 때문에 [____].
2 [____]때문에 [____]에 지각하고 말았다.
3 몸 상태가 좋지 않아서 [____].
4 사고 때문에 [____].
5 [____]때문에, 집에서 나갈 수가 없었다.
6 [____]때문에, [____].

Day 20 p.69

♡ ～하는 김에 = ～할 때, 다른 것도 한다

맛보기

편의점에 음료를 사러 간 김에 과자도 사 왔다.

1 역까지 엄마를 마중 나가는 김에 [____].
2 일본에 여행간 김에 [____].
3 근처에 온 김에 [____].
4 편의점에 가는 김에 [____].
5 산책 하는 김에 [____].
6 [____]김에 [____].

Day 21 p.73

♡ ～함
※[정도]를 나타내는 명사

맛보기

무엇 하나 결정하는데도 시간이 걸리는 그의 우유부단함에 질린다.

1 일본인의 [____]함은 [____].
2 나의 결혼 상대의 조건은 [____]의 [____]함입니다.
3 [____]의 [____]함에는 감동했습니다.
4 그 사람의 [____]함에는 기가 막혀서 말도 안 나온다.
5 나는 [____]함에 약합니다.
6 [____]의 [____]함은 [____].

Day 22 p.76

♡ ～하지 않을 수 없다 = ～하지 않으면 안 된다

맛보기

싫어하는 상사라도 옆에 앉으면 대화를 하지 않을 수 없다.

1 저금이 바닥나서 [____]하지 않을 수 없다.
2 일이 쌓여 있어서, 오늘밤은 [____]하지 않을 수 없다.
3 그녀에게 새 남자친구가 생겼으므로, [____]하지 않을 수 없다.
4 이제 어른이 되었으니까, [____]하지 않을 수 없다.
5 [____]므로, 포기하지 않을 수 없다.
6 [____]므로, [____]하지 않을 수 없다.

💙 ~하지 않겠다 = 앞으로는 ~하지 않겠다

맛보기

다시는 2차로 노래방에는 가지 않을 것이다.

1️⃣ 그런 사람과는 다시는 ⬚않겠다.

2️⃣ 이제 더 이상 ⬚는 사용하지 않겠다.

3️⃣ ⬚에 갔을 때, 더 이상 ⬚않겠다고 생각했습니다.

4️⃣ 머리가 아프다. 다시는 ⬚하지 않겠다.

5️⃣ 이제 두 번 다시 ⬚하지 않겠다.

💙 ~할 수가 없다
　 = 방법이 없으므로, ~할 수 없다

맛보기

술에 취해 휴대폰을 잃어버려서, 이제는 찾을 방법이 없다.

1️⃣ 갑자기 이사를 가 버려서 ⬚할 방법이 없다.

2️⃣ 길을 잃은 아이가 울고 있었지만, ⬚해서 ⬚할 수가 없다.

3️⃣ 컴퓨터가 없어서, ⬚할 수가 없다.

4️⃣ 그 사람은 금방 화를 내서, ⬚할 수가 없다.

5️⃣ ⬚므로, 찾을 길이 없다.

6️⃣ ⬚므로, ⬚할 수가 없다.

💙 A하는 것과 동시에 B
　 = A한 뒤, 곧바로 B하다/A하면서 B하다/A이기도 하고 B이기도 하다

맛보기

그녀는 해외에서 회사에 다니는 것과 동시에, 집에서 번역 일도 하고 있다.

1️⃣ 그 사람은 ⬚를 졸업함과 동시에 ⬚.

2️⃣ 그는 회사를 그만두는 것과 동시에 ⬚.

3️⃣ 일본에서 유학 생활은 ⬚와 동시에 ⬚ 것도 있었다.

4️⃣ 아침에 일어남과 동시에 ⬚합니다.

5️⃣ 그녀는 ⬚에서 아르바이트를 하는 것과 동시에 ⬚.

6️⃣ ⬚와 동시에 ⬚.

💙 (갑자기) ~하기 시작하다 = ~하기 시작하다

맛보기

여름방학이 가까워져서, 다들 비행기 예약을 하기 시작해서 티켓이 없다.

1️⃣ 집을 나서는데 갑자기 ⬚하기 시작했다.

2️⃣ ⬚가 너무 재미없어서, 손님들이 ⬚하기 시작했다.

3️⃣ ⬚, 불성실했던 그가 학업에 매진하기 시작했다.

4️⃣ 아기가 ⬚하기 시작했다.

5️⃣ 농담으로 한 말인데, 친구가 ⬚기 시작했다.

6️⃣ ⬚므로, ⬚하기 시작했다.

💙 ~하지 않고 = ~하지 않고

맛보기

빈 캔은 버리지 말고, 재활용해 주세요.

1️⃣ 어젯밤은 정말 피곤해서, ⬚지 않고 어느새 잠들어 버렸다.

2️⃣ 그는 일하지 않고 ⬚고 있다.

3️⃣ 옛 친구를 우연히 역에서 봤는데, ⬚지 않고 ⬚고 말았다.

4️⃣ 내일은 일찍 일어나지 않아도 되므로, ⬚지 않고 ⬚ 할 수 있다.

5️⃣ 다음 주부터 시험이 시작되므로, ⬚지 않고 공부해야 한다.

6️⃣ ⬚지 않고, ⬚.

Day 28　　　　p.95

💙 ～에 대해서 = ～에 관해서

맛보기

오랜 시간 TV를 보는 것에 대해서 어떻게 생각합니까?

1 그 대학 교수님은 [　　]에 대해 연구하고 있습니다.

2 [　　]에 대한 질문은 답변해 드릴 수 없습니다.

3 나는 [　　]에 대해서는 아무것도 모릅니다.

4 [　　]에 대해 어떻게 생각하고 있는지 외국인에게 물어보고 싶다.

5 [　　]에 대해 여러분은 어떻게 생각합니까?

6 [　　]에 대해 [　　].

Day 29　　　　p.98

💙 A함에 따라 B = A가 되면 점점 B가 된다

맛보기

결혼하고 시간이 지남에 따라, 아이가 가족의 중심이 되어 있었다.

1 어두워짐에 따라 [　　].

2 지금 생활 리듬에 익숙해짐에 따라 [　　].

3 일본어가 능숙해짐에 따라 [　　].

4 나이를 먹음에 따라 [　　].

5 만날 기회가 늘어남에 따라 [　　].

6 [　　]함에 따라 [　　].

Day 30　　　　p.101

💙 ～조차 = ～조차
　　※단,「すら」는 [조건]을 나타내는 절 안에서 사용할 수 없다.

맛보기

남자친구가 돈을 전부 지불하기 때문에 그녀의 명품 지갑에는 동전조차 들어 있지 않다.

1 너무 긴장해서 [　　]조차 할 수 없었다.

2 그는 정말 화가 난 듯, [　　]조차 [　　]하지 않고 돌아가고 말았다.

3 교통사고를 당한 이래, [　　]조차 할 수 없게 되고 말았다.

4 [　　]에 깜짝 놀라서 [　　]조차 [　　].

5 일을 시작했을 무렵에는 [　　]조차 할 수 없어서 걸핏하면 상사에게 혼났었다.

6 [　　]조차 [　　].

Day 31　　　　p.105

💙 (A에게) B를 받고 싶다
　　= A가 B해 주면 좋겠다

맛보기

딸이 외국에 살지 않고, 계속 가까이에 있어 줬으면 좋겠다.

1 배가 고프므로, [　　]해 주면 좋겠는데요.

2 다리가 아프니까 [　　]해 주면 좋겠습니다.

3 모처럼 만났으니까 [　　]해 줬으면 좋겠습니다.

4 물건을 분실했는데 [　　]해 주시면 안 될까요?

5 갑자기 바빠졌는데, [　　]해 주시면 안 될까요?

6 [　　]가 [　　]해 주면 좋겠습니다.

Day 32　　　　p.108

💙 ～해 둔 채 = ～한 채

맛보기

아이들은 언제나 문을 열어 둔 채로 밖에 나갑니다.

1 [　　]를 놓아 둔 채로 뒀더니 [　　]하고 말았다.

2 콘택트렌즈를 [　　]한 채로 자고 일어났더니 [　　].

3 물을 [　　]둔 채로 뒀더니, [　　].

4 창문을 [　　]둔 채로 뒀더니, [　　].

5 전기를 [　　]둔 채로 둬서, [　　] 하고 말았다.

6 [　　]둔 채로 둬서, [　　].

Day 33　　　　p.111

💙 A한 나머지, B
　　= 너무 A해서 B가 되고 말았다
　　※B = 나쁜 결과

귀가를 너무 서두른 나머지, 물건을 두고 와 버렸다.

1. 회사를 [   ]한 나머지, [   ] 해 버렸다.
2. [   ]한 나머지 친구가 다 떠나가고 말았다.
3. 그는 너무 성실한 나머지 [   ].
4. 그 사람은 일을 너무 많이 한 나머지, [   ].
5. 그녀는 이것저것 너무 많은 생각을 한 나머지 [   ].
6. [   ]한 나머지 큰 실수를 저지르고 말았다.
7. [   ]한 나머지 [   ].

Day 34　　p.114

♡ A는 B한 법이다
　= A는 일반적으로 B하다

사람들 앞에 나서면 누구나 처음에는 긴장하는 법이다.

1. 어린아이는 [   ] 법이다.
2. 시간은 [   ] 법이다.
3. 선생님은 [   ] 법이다.
4. 돈은 [   ] 법이다.
5. 어른은 [   ] 법이다.
6. [   ]는 [   ] 법이다.

Day 35　　p.117

♡ ~해 두다 = 미리 ~하다

이사하기 전날에 보낼 짐을 상자에 넣어 두었다.

1. 시험이 가까워서 [   ]해 두어야 한다.
2. 오랜만에 운동하는데 [   ]해 두지 않으면 [   ].
3. 친구가 집에 온다고 해서 [   ]해 두었습니다.
4. 내일 회의를 위해 [   ]해 두어야 합니다.
5. [   ]해 두었는데, 잘 되지 않았다.
6. [   ]므로, [   ]해 두었습니다.

Day 36　　p.121

♡ ~인 체하다, ~한 척하다
　= 거짓으로 ~의 연기를 하다

다투고 싶지 않아서 꾹 참고 화가 나지 않은 척 했다.

1. 싫어하는 사람을 우연히 마주쳤는데, [   ] 척 했다.
2. 선생님께 혼날 것 같을 때, [   ] 척 했다.
3. 길거리에서 넘어졌지만 [   ] 척 했다.
4. 술 취한 척하고, [   ].
5. 산에서 곰을 만났을 때 [   ] 척 하면 살 가능성이 높다고 한다.
6. [   ]때, [   ] 척 해서 [   ].

Day 37　　p.124

♡ 마땅히 ~해야 한다
　= 당연히 ~하지 않으면 안된다

싫어하는 사람이라도 인사는 제대로 해야 한다.

1. 친구니까 마땅히 [   ]야 한다/해서는 안 된다.
2. 어른이라면 마땅히 [   ]야 한다/해서는 안 된다.
3. 젊을 때 [   ]야 한다/해서는 안 된다.
4. 학생은 [   ]야 한다/해서는 안 된다.
5. 부모님께는 [   ]야 한다/해서는 안 된다.
6. [   ]라면 마땅히 [   ]야 한다/해서는 안 된다.

Day 38　　p.127

♡ A 덕분에 B
　A = 원인, B = 결과
　※A에 대한 감사의 마음을 나타낸다

친구의 따뜻한 말 한마디 덕분에 충격에서 벗어났습니다.

1. 일본어를 공부하고 있는 덕분에 [   ].
2. [   ] 덕분에 요즘 컨디션이 아주 좋습니다.
3. 부모님 덕분에 [   ].

4 [　　] 덕분에 마음이 편해 졌다.

5 선생님 덕분에 [　　].

6 [　　] 덕분에 [　　].

Day **39**　　　p.130

💙 A인 만큼 B = 역시 A이니까 예상대로 B하다

맛보기

그녀는 영양사인 만큼 요리를 할 때 건강을 최우선으로 생각하고 있다.

1 그녀는 운동을 하고 있으니까 역시 [　　].

2 그 사람은 대학교수인 만큼 역시 [　　].

3 그는 예술가인 만큼 [　　].

4 [　　]는 매일 공부하고 있는 만큼 역시 [　　].

5 그는 유명한 만큼 [　　].

6 [　　]는 [　　]이니 만큼 [　　].

Day **40**　　　p.133

💙 A도 있고, B도 있다
　= ~도 있고, ~도 있다

맛보기

나에게는 아버지와 닮은 부분도 있고, 전혀 닮지 않은 부분도 있다.

1 이 반에는 [　　]도 있고, [　　]도 있다.

2 내 친구 중에는 [　　]도 있고, [　　]도 있다.

3 슈퍼에는 [　　]도 있고, [　　]도 있다.

4 세상에는 [　　]도 있고, [　　]도 있다.

5 [　　]에는 [　　]도 있고, [　　]도 있다.

Day **41**　　　p.137

💙 A뿐만 아니라 B = A는 물론 B도

맛보기

그는 그녀와 데이트를 할 때마다 집에 바래다줄 뿐만 아니라 선물까지 준다.

1 나는 일본어 뿐만 아니라 [　　].

2 주부는 [　　] 뿐만 아니라 [　　].

3 아버지는 [　　] 뿐만 아니라 [　　].

---

4 우리 회사/학교는 [　　] 뿐만 아니라 [　　].

5 신입 사원/신입생은 [　　] 뿐만 아니라 [　　].

6 [　　]는 [　　] 뿐만 아니라 [　　].

Day **42**　　　p.140

💙 ~하곤 했다
　= 예전에는 ~였다(하지만 지금은 아니다)

맛보기

위가 안 좋아지기 전에는 잠 깨려고 하루에도 몇 잔이고 커피를 마시곤 했다.

1 내가 어렸을 적 이 마을은 [　　]곤 했다.

2 옛날 이 나라는 [　　]었다.

3 예전에 그는 [　　]곤 했다.

4 나는 어릴 적에 [　　]곤 했다.

5 [　　]는 좋았었다.

6 [　　]는 [　　]곤 했다.

Day **43**　　　p.143

💙 너무 A한 나머지 B
　= 매우 A이므로 B이다
　※ B는 나쁜 결과

맛보기

옆집 개가 너무 시끄러워서 참을 수가 없다.

1 [　　]는 너무 [　　]해서 눈물이 나버렸다.

2 이 회사는 너무 [　　]해서 [　　].

3 그 사람은 너무 [　　]해서 [　　].

4 그 가게는 너무 [　　]해서 [　　].

5 [　　]는 너무 [　　]해서 [　　].

Day **44**　　　p.146

💙 A일 터이다 = 당연히 A라고 생각한다

맛보기

저런 속도로 운전하면 언젠가 사고를 낼 것이다.

1 이렇게나 연습했으니까 [　　] 것이다/할 리 없다.

2 그 사람은 어제 그렇게 건강했으니까, [　　] 것이다/할 리 없다.

---

3 일기예보에서 [   ]라고 말했으니까 내일은 [   ] 것이다/할 리 없다.

4 매일 제대로 건강 관리를 하고 있으면 [   ] 것이다/할 리 없다.

5 제대로 확인 했으니까 [   ] 것이다/할 리 없다.

6 [   ]니까 [   ] 것이다/할 리 없다.

Day 45   p.149

💙 ~하는 게 어때요?
　 = ~하면 좋을 거예요

맛보기

오늘은 길이 막힐 것 같으니까 전철로 가는 게 어때요?

1 지금 일이 싫으면 [   ]는 게 어때요?

2 요즘 살쪘다면 [   ]는 게 어때요?

3 놀기만 하지 말고 [   ]는 게 어때요?

4 그/그녀를 그렇게나 좋아/싫어하면 [   ]는 게 어때요?

5 [   ]라면 [   ]는 게 어때요?

Day 46   p.153

💙 ~하기로 하다
　 = ~하는 것을 스스로 결심하다

맛보기

어려운 아이들을 위해 자원봉사를 하기로 했습니다.

1 내년에 [   ]기로 했습니다.

2 다이어트를 위해 [   ]기로 했습니다.

3 돈이 없어서 [   ]기로 했습니다.

4 장래의 꿈을 위해 [   ]기로 했습니다.

5 날씨가 좋아서 [   ]기로 했습니다.

6 [   ]므로, [   ]기로 했습니다.

Day 47   p.156

💙 ~하게 되다
　 = ~하는 것이 정해지다

맛보기

부모님의 권유로 유학을 가게 되었습니다.

1 저희는 5년간 교제하고 [   ]게 되었습니다.

2 지금까지 실적을 인정받아 [   ]게 되었습니다.

3 아이들이 자라서 [   ]게 되었습니다.

4 아버지의 전근이 결정되어 [   ]게 되었습니다.

5 [   ]므로, [   ]게 되었습니다.

Day 48   p.159

💙 A에 따라 B가 다르다

맛보기

감기의 증상에 따라 먹는 약이 다르다.

1 국가에 따라 [   ]가 다르다.

2 사람마다 [   ]가 다르다.

3 회사마다 [   ]가 다르다.

4 세대별로 [   ]가 다르다.

5 가정마다 [   ]가 다르다.

6 [   ]에 따라 [   ]가 다르다.

Day 49   p.162

💙 A하는 한편(으로) B
　 = A와 B를 대비하는 표현

맛보기

도시는 사람이 많아서 시끄러운 한편, 시골은 사람이 적어서 외롭다.

1 여름은 [   ]한 한편, 겨울은 [   ].

2 독신 생활은 [   ]한 한편, 결혼 생활은 [   ].

3 나는 낮에는 [   ]한 한편, 밤에는 [   ].

4 남자는 [   ]한 한편, 여자는 [   ].

5 어른은 [   ]한 한편, 아이는 [   ].

6 [   ]한 한편, [   ].

Day 50   p.165

💙 ~할 생각이다
　 ※스스로 정한 미래에 대한 것

맛보기

해외에서 결혼식을 올릴 생각이다.

1 올해/내년 여름에는 [　　] 생각입니다.
2 정년퇴직을 하면 [　　] 생각입니다.
3 다음에 그를 만나면 [　　] 생각입니다.
4 일본에 가면 [　　] 생각입니다.
5 [　　]하면 [　　] 생각입니다.

Day 51　p.169

♡ ~하지 말 걸 그랬다
　= ~하지 말았어야 했다
　※후회의 감정을 나타낸다

맛보기

이렇게 돌보는 게 힘들다면 반려동물을 키우지 말 걸 그랬다.

1 부모님께 [　　]하지 말 걸 그랬다고 나중에 후회했다.
2 그런 싫은 사람과는 [　　]하지 말 걸 그랬어.
3 학창 시절에 [　　]하지 말 걸 그랬다고 이제 와서 후회하고 있다.
4 맛있다고 해서 [　　]하지 말 걸 그랬다.
5 싸다고 해서 [　　]하지 말 걸 그랬다.
6 [　　]하지 말 걸 그랬다.

Day 52　p.172

♡ ~하는 편이 낫다
　= 둘 다 좋지 않지만, 어느 쪽인가 하면 ~쪽이 좋다

맛보기

월급이 많아도 재미없는 일을 해야 한다면, 적은 월급이라도 내가 하고 싶은 일을 하는 편이 낫다.

1 포기하는 것 보다 [　　]하는 편이 낫다.
2 [　　]라면 죽는 편이 낫다.
3 [　　]라면 도망치는 편이 낫다.
4 둘 다 먹고 싶지 않지만, [　　]보다 [　　]가 더 낫다.
5 그 사람과 데이트 할 바에는 [　　]하는 편이 낫다.
6 [　　]보다 [　　]하는 편이 낫다.

Day 53　p.175

♡ ~탓에 = ~가 원인으로
　※좋지 못한 결과가 일어난다

맛보기

복권으로 큰 돈을 손에 넣은 탓에, 일할 의욕이 사라지고 말았다.

1 [　　]한 탓에, [　　]에 갈 수 없었다.
2 [　　]한 탓에, 남자 친구/여자 친구에게 차이고 말았다.
3 [　　]한 탓에, 지각했습니다.
4 실패를 [　　]탓으로 돌렸다.
5 [　　]한 탓에, 시험 결과가 안 좋았다고 생각합니다.
6 [　　]한 탓에, [　　].

Day 54　p.178

♡ ~하기만 하다, 계속 ~만 하고 있다
　= 늘/계속 ~하고 있다

맛보기

신혼여행 중에 싸우기만 하다가 돌아와서 바로 이혼했다.

1 일요일은 [　　]하기만 해서, 시간을 허비했다.
2 그는 불성실해서 회사에 있을 때도 [　　]만 한다.
3 아무리 좋아해도 [　　]만 하고 있으면 안 된다.
4 젊었을 때는 [　　]만 했습니다.
5 인터넷으로 [　　]만 하고 있습니다.
6 [　　]만 하고 있습니다.

Day 55　p.181

♡ ~밖에 없다
　= 남아있는 마지막 수단은 ~이다

맛보기

지하철도 버스도 끊겨 버렸다. 택시를 잡을 수밖에 없다.

1 내일이 시험인데 전혀 공부를 안 했다. 이제 [　　] 수밖에 없다.

2 그녀는 무슨 말을 해도 이해해 주지 않는다. 이제 ⬚ 수밖에 없다.

3 친구의 소중한 물건을 망가뜨려 버렸다. 이제 ⬚ 수밖에 없다.

4 이대로라면 지각해 버릴 것이다. 이제 ⬚ 수밖에 없다.

5 여러 가지 다이어트를 시도해 봤지만 효과가 없다. 이제 ⬚ 수밖에 없다.

6 ⬚. 이제 ⬚ 수밖에 없다.

Day 56　p.185

💙 ～하면서 = 동시에 ～하다

맛보기

담배를 피우면서 걷다가, 경찰에게 벌금을 물었다.

1 ⬚면서 밥을 먹고 있다가 예의가 없다고 주의를 받았다.

2 ⬚면서 운전하고 있었기 때문에 ⬚.

3 ⬚면서 공부하고 있다가 ⬚.

4 그의 특기는 ⬚면서 ⬚하는 것입니다.

5 길을 걸으면서 ⬚하다가 ⬚.

6 ⬚면서 ⬚.

Day 57　p.188

💙 끝까지 ～하다
　 = 마지막까지 (다) ～하다

맛보기

저렇게 자존심 강한 사람과는 사귈 수 없다.

1 이 가게는 너무 ⬚해서, ⬚할 수 없다.

2 마라톤 대회에 참가했을 때 ⬚탓에 ⬚할 수 없어서 매우 분한 마음이 들었다.

3 비밀을 끝까지 ⬚할 수 없어서, 친구에게 ⬚.

4 이 소설은 너무 ⬚해서 ⬚할 수 없다.

5 ⬚는 포기하지 않고 끝까지 ⬚하는 것이 중요하다.

6 끝까지 ⬚했습니다.

Day 58　p.191

💙 ～일 리가 없다 = ～할 가능성은 없다

맛보기

이런 선물로 그녀가 만족할 리 없다.

1 어제 그렇게 건강했어. ⬚ 리 없어.

2 전혀 공부하지 않아서 ⬚ 리 없다.

3 그는 ⬚을 매우 기대하고 있어서 ⬚ 리 없다.

4 그녀는 어제부터 여행을 갔을 것이다. ⬚ 리 없다.

5 제대로 문을 잠갔으니까 ⬚ 리 없다.

6 ⬚니까 ⬚ 리 없다.

Day 59　p.194

💙 마치 ～인 것 같다
　 = 사실은 ～가 아니지만 ～인 척하다

맛보기

그는 마치 자신이 유령을 본 것처럼 이야기한다.

1 그는 마치 ⬚인 것 같은 말투로 이야기한다.

2 그녀는 마치 ⬚인 것처럼 행동한다.

3 두 사람의 관계는 마치 ⬚인 것 같다.

4 저 사람은 마치 ⬚인 것처럼 먹는다.

5 너무 기뻐서 마치 아이처럼 ⬚.

6 ⬚는 마치 ⬚인 것처럼 ⬚.

Day 60　p.197

💙 (설령) ～할지라도
　 = 만약 ～더라도
　 ※아직 일어나지 않은 일을 서술한다

맛보기

설령 나이를 먹을지라도, 도전 정신을 잊어서는 안된다.

1 설령 내일 비가 올지라도, ⬚.

2 설령 부모님이 반대할지라도 ⬚.

3 설령 실패할지라도 ⬚.

4 설령 ⬚할지라도 내 마음은 변하지 않는다.

5 설령 ⬚할지라도 그 사람은 용서할 수 없다.

6 설령 ⬚할지라도 ⬚.

p.23

1 ちょっと寒いので、部屋のドアを閉めてくれませんか？

2 ライバルに勝つために、毎日一生懸命練習してきました。

3 それとこれとは、ある程度は関係があると思います。

4 土日はテレビを見てばかりいました。

5 ご飯を食べている最中に、友達から電話がかかってきました。

6 昨日、先生がそう言っていました。

7 あんなまずい店には、二度と行きたくないです。

8 彼氏にケータイでメールを送りました。

9 カレーとラーメンとどっちがいい？
—— カレーにします。

10 あの人は、若く見えるけど、子どもが二人います。

p.39

1 日曜日は妻と一緒に出掛けました。

2 私、この本が気に入りました。

3 暗いので、部屋の電気をつけました。

4 メールアドレスを教えてくれませんか？

5 彼女は結婚してからずっと幸せに暮らしています。

6 為替が円安で、留学に行くのが大変です。

7 ガソリンが無くなってきたので、ガソリンスタンドに寄らなければいけません。

8 努力して、いつか夢を現実にしたいです。

9 寒いので、暖かくして出掛けてくださいね。

10 お風呂から出たあと、ドライヤーで髪を乾かしました。

p.55
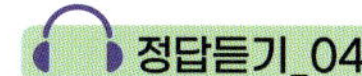

1 あの映画を見て、感動しました。

2 今度日本に留学する予定です。

3 私の学校は制服が無いので、私服で登校します。

4 あの２人が手をつないで、道を歩いているのを見ました。

5 夏休みの旅行を楽しみにしています。

6 店でパーカーを買いました。

7 そんなこと言ったら、当然あの人は怒りますよ。

8 あの新人は仕事の飲み込みが早い。

9 最近忙しいですか？
—— はい、ちょっと忙しいです。

10 もうご飯食べましたか？
—— いいえ、まだ食べていません。

p.71

1 仕事でストレスを受けました。

2 友達が全員帰りました。

3 お腹が空いていたので、２つとも食べてしまいました。

4 去年旅行で北海道に行きました。

5 新しいアイディアを思いつきました。

6 女同士でお酒を飲みに行きました。

7 習ったばかりの単語が思い出せません。

8 犬を散歩させました。

9 かっこいい服ですね。

10 申し訳ない気持ちになりました。

p.87

1 このズボンは、日本に行ったときに、一万円で買いました。

2 土曜日の夜は知り合いと会って食事をしました。

3 こんにちは。── こんにちは。

4 車に気をつけて帰ってください。

5 料理ができないので、家にいるときは、ラーメンしか食べません。

6 紅しょうがって何ですか？

7 明日の会議は大切だから、必ず出席しなくちゃいけないよ。

8 母に駅まで車で迎えに来てと頼まれました。

9 はじめは寿司が食べられませんでした。

10 今日はすごく暑いですね。

p.103

1 朝ごはんを食べなくて、お腹が空きました。

2 もし日本に行ったら、お土産を買ってきてください。

3 もしかして、英語が話せますか？

4 先生、ありがとうございました。

5 家はどこですか？

6 今日は夜10時までに帰らなければいけません。

7 ありがとうございました。

── いえいえ、こちらこそありがとうございました。

8 彼は高校生のとき、学級委員長でした。

9 頭が痛いので、薬を飲みました。

10 私はお金持ちでもないし、貧乏でもないです。

p.119

1 彼は浪人生なので、毎日朝から夜まで勉強しています。

2 どこかから変なにおいがします。

3 泥棒に入られたので、警察に通報しました。

4 学校から奨学金をもらいました。

5 子どもが友達にいじめられました。

6 犯人が警察につかまりました。

7 無くした鍵をやっと見つけました。

8 試験、よくできましたか？

9 日本から友達が遊びに来ます。

10 一人ではできないので、友達に手伝ってもらいました。

p.135

1 多くの人が中国語を勉強しています。

2 小さい頃から勉強が得意でした。

3 私の家は一戸建てです。

4 単位が足りないと、大学を卒業できません。

5 この頃よく忘れ物をします。

6 洋服のサイズが合いません。

7 朝のラッシュの時間は電車が混雑します。

8 彼女は今でも怒っています。

9 彼の本当の気持ちが知りたいです。

10 家に帰って、お風呂に入って寝ました。

p.151　정답듣기_09

1 何年か前に旅行で日本に行ったことがあります。

2 久しぶりに小学校の時の先生に会いました。

3 土曜日は友達の家に泊まりました。

4 ご飯がまずくてがっかりしました。

5 私の大学の先生は歳をとっています。

6 ゲームして遊ぼう。

7 この店に来ると毎回カレーを食べます。

8 貸してくれたDVD、おもしろかったです。

9 強いチームが弱いチームを見下しています。

10 私は大学一年生です。

p.167　정답듣기_10

1 何年生まれですか？── 81年生まれです。

2 韓国文化と日本文化では、どんなちがいがあると思いますか？

3 ケータイのアラームが鳴りました。

4 風邪を引いてしまいました。

5 がんばって勉強したので、試験の点数が良かったです。

6 ラーメン屋の前で人が並んでいます。

7 免税店でブランド品を買いました。

8 試験の日程を勘違いしていました。

9 寿司を二人前注文しました。

10 実力が足りなくて、合格できませんでした。

p.183　정답듣기_11

1 うちは門限があるから、遅くまで遊べません。

2 日本人の友達がほしいです。

3 引越しするから、転校しなければいけません。

4 月曜日から金曜日まで会社に行きます。

5 明日何時に会う？
   ── 3時でもいいし、4時でもいいですよ。

6 先週買った本は、全部ではないけど、ほとんど読み終わりました。

7 また来週。── よい週末を。

8 水をやらなかったので、花が枯れました。

9 面接で自分の長所と短所を聞かれました。

10 考えただけでも腹が立ちます。

p.199　정답듣기_12

1 10年ぶりに初恋の人に会いました。

2 彼女は涙もろいです。

3 スポーツ得意そうですね。
   ── え、そう見えますか？

4 このお酒は果物の味がします。

5 パソコンで動画を見ています。

6 大学生ですか？それとも社会人ですか？

7 銀行で現金を下ろしました。

8 駅の行き方が分かりません。

9 彼はクラスで一番人気があります。

10 昨日のサッカーの試合は引き分けでした。

ペラペラ 페라페라
일본어 수다 프리토킹 360

초판 발행	2011년 1월 10일
개정판 인쇄	2026년 3월 30일
개정판 발행	2026년 4월 15일

저자	타츠미 유사쿠(龍見 雄作)
편집	오은정, 김수진, 무라야마 토시오
펴낸이	엄태상
디자인	이건화
조판	이서영
콘텐츠 제작	김선웅, 이다빈, 조현준, 윤여명, 장형진
마케팅	이승욱, 노원준, 조성민, 이선민, 김동우
경영기획	조성근, 최성훈, 김로은, 최수진, 오희연
물류	정종진, 윤덕현, 신승진, 구윤주

펴낸곳	시사일본어사(시사북스)
주소	서울시 종로구 자하문로 300 시사빌딩
주문 및 교재 문의	1588-1582
팩스	0502-989-9592
홈페이지	www.sisabooks.com
이메일	book_japanese@sisadream.com
등록일자	1977년 12월 24일
등록번호	제 300-2014-92호

ISBN 978-89-402-9460-4 (13730)